DISCIPLINA SEM GRITOS NEM SURRAS

DISCIPLINA SEM GRITOS NEM SURRAS

Soluções práticas para os problemas de comportamento mais comuns da fase pré-escolar

Jerry Wyckoff e Barbara C. Unell

Tradução
Simone Campos
Revisão da tradução
Patrícia Freitas Ribeiro

wmf **martinsfontes**

SÃO PAULO 2012

Esta obra foi publicada originalmente em inglês com o título
DISCIPLINE WITHOUT SHOUTING OR SPANKING
por Meadowbrook Press

1ª edição *2012*

Tradução
Simone Campos
Revisão da tradução
Patrícia Freitas Ribeiro
Acompanhamento editorial
Márcia Leme
Preparação do original
Cynthia Costa
Revisões gráficas
Maria Luiza Favret
Luzia Aparecida dos Santos
Edição de arte
Katia Harumi Terasaka
Produção gráfica
Geraldo Alves
Paginação
Moacir Katsumi Matsusaki

Dados Internacionais de Catalogação na Publicação (CIP)
(Câmara Brasileira do Livro, SP, Brasil)

Wyckoff, Jerry
Disciplina sem gritos nem surras : soluções práticas para os problemas de comportamento mais comuns da fase pré-escolar / Jerry Wyckoff e Barbara C. Unell ; tradução de Simone Campos ; revisão da tradução Patrícia Freitas Ribeiro. – São Paulo : Editora WMF Martins Fontes, 2012.

Título original: Discipline without shouting or spanking
ISBN 978-85-7827-558-7

1. Autodomínio em crianças 2. Crianças – Criação 3. Disciplina infantil 4. Educação de crianças 5. Pais e filhos I. Unell, Barbara C. II. Título.

12-03123 CDD-649.64

Índices para catálogo sistemático:
1. Crianças : Disciplina : Educação doméstica 649.64
2. Disciplina infantil : Educação doméstica 649.64

Editora WMF Martins Fontes Ltda.
Rua Prof. Laerte Ramos de Carvalho, 133 01325.030 São Paulo SP Brasil
Tel. (11) 3293.8150 Fax (11) 3101.1042
e-mail: info@wmfmartinsfontes.com.br http://www.wmfmartinsfontes.com.br

DEDICATÓRIA

Este livro é dedicado a nossos filhos já adultos – Christopher Wyckoff, Allison Wyckoff, Justin Unell e Amy Unell – pelas inestimáveis e espontâneas contribuições que deram a ele.

AGRADECIMENTOS

Gostaríamos de agradecer a todos os pais e outros responsáveis que continuam a nos dar motivos para acreditar que a disciplina sem gritos nem surras sempre será a maneira mais gentil e eficaz de ensinar as crianças a se tornarem adultos autossuficientes, solidários, responsáveis e dotados de autodomínio.

Gostaríamos de agradecer também a Bruce Lansky ter confiado sempre neste livro durante os últimos vinte anos. Joseph Gredler, editor ponderado e dedicado, foi nosso orientador durante o processo de revisão e ampliação de *Disciplina sem gritos nem surras*, livro que serviu como guia confiável para centenas de milhares de pais e mães em seu caminhar. Agradecemos à Meadowbrook Press nos dar a oportunidade de ajudar uma nova geração de pais e mães a disciplinar seus filhos de maneira prática e amorosa.

SUMÁRIO

PREFÁCIO

Se você é pai ou mãe, reconheça o desempenho desse papel como sua função mais importante e o desafio mais gratificante que vai enfrentar. O que você faz no dia a dia, o que diz e a maneira como age afetarão mais do que qualquer outro fator a configuração do futuro do nosso país.

MARION WRIGHT EDELMAN

Todas as crianças – em especial as que estão na fase pré-escolar – têm problemas de disciplina, por mais "perfeitas" que elas ou a sua família possam ser. Tanto a criança ajuizada como a não tão ajuizada, seja qual for a sua procedência socioeconômica, têm suas necessidades e vontades, assim como seus pais. Os problemas surgem quando as necessidades e vontades de pais e filhos não se ajustam com a perfeição das peças de um quebra-cabeça.

As eventuais dificuldades que parecem terríveis aos pais podem com frequência ser atenuadas quando eles aprendem a adequar suas reações às necessidades de seus filhos pequenos. Este livro oferece soluções práticas para os problemas de comportamento mais comuns da criança em idade pré-escolar – soluções que pais e responsáveis podem aplicar no calor dos conflitos que surgem no decorrer de toda vida em família.

Nosso objetivo é mostrar aos pais como reagir a problemas disciplinares de maneira tranquila, persistente e eficiente – sem gritos nem palmadas. Queremos ajudá-los a se tornar "pais disciplinados", capazes de se controlar quando os filhos perdem o controle. Mantendo o autocontrole, os pais poderão evitar os riscos de usar qualquer forma de violência, seja exercendo-a de fato ou na forma de ameaças. Gritar e bater são formas de violência que ensinam à criança que o medo e a dor podem ser usados para controlar o comportamento dos outros.

A abordagem deste livro – disciplina para *ensinar* em vez de castigar – repete a de nossa edição original e combina o melhor do que acumulamos em nossos quarenta anos de experiência profissional e parental. Estudamos e ensinamos psicologia do desenvolvimento e psicologia infantil na graduação universitária; participamos da equipe de psicólogos de um hospital público infantil; trabalhamos como psicólogos em um importante distrito escolar suburbano; criamos cinco periódicos nacionais sobre como cuidar de crianças; encabeçamos diversos grupos de discussão, seminários e oficinas para pais; prestamos consultoria a distritos escolares e centros psiquiátricos; escrevemos extensamente sobre como criar filhos para programas de rádio, revistas e jornais, bem como para a internet e outros meios de comunicação; além de termos criado quatro filhos.

Nossos princípios de solução de problemas e estratégias disciplinares baseiam-se na psicologia behaviorista, que estuda o comportamento das crianças em ambientes "reais" – lares, escolas, parques. Desde que saiu a primeira edição de *Disciplina sem gritos nem surras*, em 1984, novas questões comportamentais surgiram. Atendemos a essas questões nesta nova edição.

- A relação entre violência em casa e violência na escola.
- A ligação entre brincadeiras com armas imaginárias ou de brinquedo na idade pré-escolar e o uso de armas na escola e em outros lugares.
- A questão da surra: bater moderadamente faz mal?
- A influência dos meios de comunicação eletrônicos (computadores, internet, TV, jogos eletrônicos) sobre o comportamento.
- A preocupação quanto ao diagnóstico de Hiperatividade ou de Transtorno do Déficit de Atenção com Hiperatividade (TDAH).
- As causas e consequências da obesidade infantil no longo prazo.
- O desafio da disciplina para o pai solteiro ou a mãe solteira.
- O papel crucial dos pais na construção e na conservação da empatia nas crianças.

Planejamos este livro, assim como a edição original, para ser um guia de referência útil para os pais e demais responsáveis – um manual de primeiros-socorros para tratar do comportamento inadequado. Sabemos que os pais precisam de rapidez, ação imediata e praticidade. Oferecemos conselhos para impedir que os problemas de comportamento ocorram e, quando ocorrerem, para resolvê-los. Também incluímos "relatos de casos reais" que ilustram como inúmeras famílias (com nomes fictícios, para proteger sua privacidade) usaram nossas estratégias para lidar com problemas reais.

QUEM É A CRIANÇA EM IDADE PRÉ-ESCOLAR?

Utilizamos o termo *idade pré-escolar* para descrever os incríveis e metamórficos dias e noites no decorrer dos quais uma criança de 1 ano parece de repente se tornar um adulto em miniatura de 5 anos. Em termos gerais, "pré-escolar" aplica-se às crianças que ainda não chegaram à idade escolar (de ingresso no primeiro ano do Ensino Fundamental), incluindo aquelas que acabaram de aprender a andar, mas não os bebês. Os recém-nascidos e as crianças com menos de 1 ano são criaturas singulares, governadas basicamente por certas necessidades (comer, dormir e ter contato humano) que são em geral supridas por simples cuidados físicos e emocionais. As necessidades do pré-escolar, por outro lado, costumam exigir certa estratégia psicológica. Por isso este livro concentra-se em crianças já maiores, cujo desenvolvimento normal gera problemas de comportamento que forçam os pais e demais responsáveis a adotar estratégias civilizadoras para dar a elas o que precisam para se tornar pessoas felizes e saudáveis. O trabalho central a ser realizado na idade pré-escolar é o de ensinar e civilizar para preparar a criança para a escolarização formal. (Ver "A transição para a educação fundamental para você e para o seu filho" na p. 25.)

Observação: Leia "Marcos do desenvolvimento" (pp. 26-8) e "Diferenças entre meninos e meninas" (pp. 24-5) antes de aplicar as orientações de cada capítulo. Isso o ajudará a compreender as características comportamentais gerais das crianças de 1 a 5 anos, bem como a influência da estrutura cerebral, da química corporal e dos hormônios nas diferenças de comportamento entre meninas e meninos. Entender o desenvolvimento de seu pré-escolar o impedirá de rotular certos comportamentos como anormais ou de sentir culpa desnecessária por ter provocado o comportamento inadequado de seu filho. Por exemplo, para entender as causas do prolífico uso da palavra *não* pelo seu filho de 2 anos, é bom saber que o negativismo é normal no comportamento da criança dessa idade. Para entender por que os meninos costumam ser mais agressivos durante seus acessos de raiva do que as meninas, é bom conhecer um pouco as diferenças biológicas entre os sexos.

INTRODUÇÃO

A idade pré-escolar compreende os anos de apogeu do aprendizado físico, emocional e intelectual. Nos melhores momentos, os pré-escolares são curiosos, inventivos, ávidos e independentes. Nos piores, são teimosos, inibidos e excessivamente apegados aos pais. Tanto sua personalidade camaleônica como sua incapacidade de usar a lógica dos adultos fazem deles clientes difíceis para quem tenta vender lições de conduta para a vida. Os pré--escolares vivem em um mundo que é um desafio tanto para eles como para seus pais, e ensiná-los – que, na realidade, é o que disciplinar significa – às vezes é como semear em solo fértil e, outras vezes, como bater a cabeça contra a parede.

Isso não deveria ser muito surpreendente. Geralmente, entre os pais e seus filhos pré-escolares há pelo menos vinte anos de diferença de idade e anos-luz de diferença em experiência, capacidade de raciocínio e autocontrole. Também são diferentes suas ideias, seus sentimentos, suas expectativas, regras, crenças e seus valores em relação a si mesmos, aos outros e ao mundo. Por exemplo, as crianças não nascem sabendo que é proibido escrever nas paredes. Só aprenderão os meios de expressar seus talentos artísticos se os pais lhes ensinarem pacientemente onde podem escrever, elogiarem quando seguirem as instruções e ressaltarem as consequências de desobedecer às regras.

Ao mesmo tempo, as crianças têm suas próprias necessidades, desejos e sentimentos, boa parte dos quais ainda não sabem formular muito bem. No decorrer dos primeiros cinco anos de vida, batalham para se tornar pessoas independentes e se rebelam contra serem "criadas" por gente mais velha.

Os objetivos finais dos pais para seus filhos em idade pré-escolar são os objetivos imediatos que têm para si próprios: autocontrole e autossuficiência. É importante os pais compreenderem que operam em uma temporalidade diferente da de seus filhos e que a capacidade de aprender de cada criança é única. Essa compreensão ajuda os pais a utilizarem a empatia, a confiança e o respeito como fundamentos de uma comunicação familiar saudável.

A tarefa número um com que deparam os pais de crianças em idade pré-escolar é ensinar-lhes o comportamento adequado *de um modo que elas possam compreender.* Ao lidar com os acessos de raiva de seus filhos, por exemplo, os pais não estão tentando simplesmente restaurar a paz e a ordem no lar, mas também ensinar os filhos a resolver a frustração e a raiva de modo mais adequado. Os pais devem servir de modelo para o tipo de comportamento que desejam ensinar. Também precisam comunicar seus valores de maneira que se tornem tão importantes para as crianças quanto são para eles.

Criando filhos emocionalmente fortes

A criança que acredita ser dona do próprio destino, que sente que tem um lugar no mundo e que é competente, tem maior probabilidade de se tornar forte e satisfeita, como criança e como adulta. Neste livro, ajudamos você a entender que as crianças desenvolvem-se em um ambiente no qual os pais:

- aceitam a personalidade e o temperamento naturais dos filhos;
- ajudam os filhos a cultivar o senso de responsabilidade pelos seus atos;
- criam um ambiente amoroso e seguro, baseado na confiança mútua;
- ensinam os filhos a tomar decisões e a resolver problemas;
- mostram aos filhos maneiras de abordar os erros como desafios, não como desastres.

A CRIAÇÃO DOS FILHOS É NATURALMENTE PROBLEMÁTICA

Como a infância é naturalmente cheia de problemas e conflitos, os pais precisam examinar uma série de aspectos antes de rotular um comportamento de seus filhos como "problema".

Com que frequência acontece determinado comportamento inadequado?

E com que intensidade? Por exemplo, se seu filho fica com raiva por qualquer motivo, talvez a raiva seja sua reação natural à decepção. No entanto, se a raiva dele é tamanha que o leva a correr o risco de se machucar ou de machucar os outros, é preciso encontrar uma maneira de, no mínimo, reduzir a intensidade dessa raiva.

Eu tolero os maus modos de meu filho?

Suas concepções, suas necessidades ou suas regras podem levá-lo a tolerar ou até mesmo a achar graça em alguns comportamentos que outros pais considerariam intoleráveis. Perguntar-se "o que os vizinhos vão pensar?" leva o problema para além da família. Pode ser que o pai ou a mãe aceite algo que o filho faz em casa mas perceba que outros pais não o aprovariam. Então talvez decida, por isso, fazer alguma coisa para acabar com aquele comportamento inadequado.

O comportamento de uma criança só se torna uma controvérsia ou um problema do ponto de vista dos próprios pais ou de outros pais. As crianças, por outro lado, não veem sua conduta como um problema; simplesmente ainda não aprenderam formas mais adequadas ou controladas de buscar satisfação.

Para lidar adequadamente com os problemas de comportamento dos filhos, *os próprios pais* precisam ter mais disciplina (aqui, *disciplina* é entendida como um processo de ensino-aprendizagem que leva à ordem e ao autocontrole). O comportamento dos pais precisa mudar para que o comportamento do filho tenha maior probabilidade de mudar, e os pais precisam se tornar pais disciplinados para que seus filhos tenham maior probabilidade de adquirir autodisciplina.

Questões disciplinares para pais solteiros

Cuidar sozinho de uma criança pequena é uma tarefa dificílima, por maior que seja a habilidade do pai ou da mãe. Ser pai ou mãe não é apenas um trabalho que ocupa as vinte e quatro horas de cada um dos sete dias da semana e que exige paciência infinita; também se supõe que seja um trabalho em equipe. Para criar filhos independentes, autossuficientes, amorosos e empáticos, o melhor é que os pais atuem juntos para desenvolver estratégias, partilhar responsabilidades e decidir sobre as regras. Mas nem sempre isso é possível.

O melhor conselho para todos os pais e mães solteiros é que, em vez de se preocuparem com o que o pai ou a mãe que mora em outra casa ou mesmo em outro estado faz ou deixa de fazer, elaborem o plano disciplinar mais eficiente possível para ensinar a criança a ser responsável e a ter atitudes positivas e que lhe dê solidez emocional. Solteiros ou não, pais e mães precisam formar uma rede de apoio que englobe a pré-escola, a creche, as babás e os parentes.

O ABC DA CRIAÇÃO DISCIPLINADA

Mais de quarenta anos de pesquisas e experiências comportamentais, embasados na teoria e fundamentados no trabalho com centenas de famílias, nos ensinaram que, ao tratar de problemas comportamentais, é importante, por motivos práticos e também filosóficos, distinguir claramente a criança de seu comportamento. Chamar a criança que não guarda os brinquedos de "desleixada" não vai pôr os brinquedos no lugar nem lhe ensinar bons modos. Talvez só faça mal a ela e contribua para construir uma autoimagem negativa, e possivelmente funcionará como uma profecia que acabará por se cumprir. É melhor para a autoestima da criança que você se concentre em maneiras específicas e construtivas de mudar o comportamento dela. Com base nesse princípio, aqui está nosso ABC:

Decida especificamente qual comportamento você pretende mudar

É melhor concentrar-se no específico e não no abstrato. Por exemplo, não diga a seu filho para ser mais organizado; explique que quer que ele guarde os blocos de montar antes de sair para brincar na rua.

Elogie o comportamento de seu filho

Não elogie seu filho, e sim o que ele *faz*. Por exemplo, em vez de dizer "Que boa menina, sentada quietinha", diga: "Que bom que você está aí sentada quietinha." Dirija o elogio ou a crítica ao comportamento de seu filho, porque é isso que você quer controlar.

Continue elogiando enquanto o novo comportamento precisar desse reforço

Ao elogiar as coisas certas que seu filho faz, você lhe mostra quais são as suas expectativas em relação a ele e reforça o seu modelo de bom comportamento. O elogio motiva seu filho a continuar se comportando bem.

Evite disputas pelo poder com seus filhos

O uso de técnicas como a *Corrida contra o tempo* (p. 28) quando você quiser que seus filhos se aprontem mais depressa para dormir, por exemplo, vai ajudar a reduzir o confronto entre vocês, já que a autoridade se transfere para uma figura neutra: o relógio.

Esteja presente

Isso não quer dizer que os pais tenham de passar cada minuto do dia junto com os filhos, mas sim que as crianças precisam de uma supervisão mais ou menos constante. Se os pais não prestarem atenção nos filhos, muitos problemas comportamentais vão passar despercebidos e não serão corrigidos.

Evite remoer o passado

Deixe problemas de comportamento para trás e não os relembre a toda hora. Se seu filho cometer um erro, lembrá-lo disso constantemente só vai gerar rancor e aumentar a probabilidade de que o mau comportamento se repita. O que passou, passou. Trabalhar para um futuro melhor faz mais sentido do que remoer o passado. Lembrando seus filhos dos erros que eles cometem, você os lembra do que *não* devem fazer, e não do que *devem* fazer.

SURRAS E GRITOS SÃO CONTRAPRODUCENTES

Os princípios esboçados neste livro representam o que nós, como pais, *devemos* fazer quando confrontados com o comportamento inadequado de nossos filhos. O que *costumamos* fazer, no entanto, é gritar ou bater nas crianças, sobretudo se estamos cansados, nervosos ou frustrados com a desobediência delas.

Gritos e surras são respostas bem naturais ao comportamento inadequado – em especial quando ele já vem de algum tempo –, mas também são extremamente contraproducentes. Esses atos *nunca* ensinam o comportamento adequado, sendo essa a tarefa número um na criação dos filhos. Na verdade, ensinam bem o contrário. Ensinam a criança a:

- gritar
- bater
- fingir
- ter medo
- ter vergonha
- descarregar a raiva nos outros

Os pais que aplicam gritos e surras em *qualquer* grau – de leve, moderadamente, ocasionalmente, raramente, sempre – não estão dando aos filhos o tipo de atenção que deveriam dar. Caso seja esse o único tipo de atenção que os filhos recebem, eles podem se portar mal só para serem notados. Além disso, os pais nem sempre sabem se as surras funcionam, porque não chegam a observar o efeito delas sobre o filho ao longo do tempo. O castigo físico simplesmente leva o mau comportamento para a clandestinidade: impede que ele ocorra na frente dos pais, mas não o elimina. Na verdade, as crianças se tornam peritas em não serem pegas. Às vezes os pais até dizem: "Nunca mais quero ver você fazendo isso!"

Na hierarquia de desenvolvimento da moral segundo Lawrence Kohlberg, o nível mais baixo é o de "seguir as regras somente para evitar o castigo". O nível mais alto é "seguir as regras porque são justas e boas". Quando os pais batem na criança por ela ter se comportado mal, prendem-na no último nível de desenvolvimento moral. As crianças ficarão interessadas em evitar o castigo, não em fazer o que é bom ou o que é correto.

A surra costuma ser também o primeiro contato da criança com a violência. As crianças aprendem a usar a violência seguindo o exemplo dos adultos – um bom motivo para evitar as surras, especialmente com a exposição cada vez maior das crianças à violência nos meios de comunicação (ver pp. 139-45). É difícil justificar a ordem "Não bata nos outros!" quando você bate em seu filho porque ele bateu em alguém.

A criança enxerga o mundo em termos concretos. Quando veem que os adultos podem bater nas crianças, presumem que as crianças também podem bater nos adultos ou em outras crianças. Violência só gera mais violência – e gera também raiva, sentimentos de vingança e o fracasso da comunicação entre pais e filhos.

A *principal* mensagem passada pelos pais que batem nos filhos ou gritam com eles é que como os adultos são maiores, mais fortes e mais poderosos do que as crianças, podem infligir medo e dor caso sejam contrariados. A sensação de ser uma vítima impotente diante da superioridade de tamanho e força gera nas crianças o medo, a ansiedade e, por fim, o desejo de usar de violência quando estiverem zangadas.

Nenhuma consequência positiva decorre da surra. De fato, o vínculo entre a vitimização da criança e seus problemas posteriores de controle de raiva, discutido nas obras de Jay Barrish e outros, reforça ainda mais o argumento em favor do estabelecimento de uma política de tolerância zero às surras – em casa, na creche, na pré-escola ou em qualquer outro ambiente. Porém, essa política não deve acarretar sanções penais por causa de surras. Deve, antes, ser uma afirmação da crença de que a disciplina é um sistema de ensino que constrói o comportamento adequado.

A natureza adquirida da violência

Muitas pesquisas foram realizadas para identificar as causas do comportamento violento em crianças e adultos. Embora os resultados ainda sejam bastante controversos, a obra do dr. Lonnie Athens, citada no livro de Richard Rhodes, *Why They Kill* [Por que eles matam], oferece pistas significativas a respeito do desenvolvimento de adultos violentos.

O dr. Athens realizou entrevistas detalhadas com pessoas que foram presas por apresentar comportamento violento. As entrevistas revelaram que as crianças que sofrem ou são ameaçadas de maus-tratos com frequência, ou que veem outras sofrerem maus-tratos, correm um risco altíssimo de aprender que a violência é um meio de resolver problemas, conseguir o que querem ou se proteger do que percebem como ameaça. Quando a violência cumpre esses objetivos, as crianças ficam com reputação de "gente com quem ninguém mexe". Obtêm a glória da infâmia, e a violência torna-se um meio de vida. Acreditamos que é importantíssimo que todo adulto responsável por uma criança tenha ciência das consequências perigosas do uso da violência em qualquer forma: seja mediante ameaças, seja efetivamente infligida a uma criança ou outra pessoa. Quando os responsáveis compreenderem esse risco, acreditamos que se recusarão a cogitar a surra como uma opção disciplinadora.

A importância da empatia na disciplina

A empatia é a capacidade de se identificar com a situação, os sentimentos e os motivos do outro e compreendê-los. Toda criança nasce apta a ser empática. As pesquisas indicam que essa capacidade varia de criança para criança à medida que elas crescem, e que a capacidade das meninas de interpretar as emoções é maior que a dos meninos. Entretanto, por volta dos 2 anos de idade, tanto os meninos quanto as meninas são capazes de compreender os sentimentos dos outros. Por volta dos 4 anos, as crianças têm capacidade para compreender os motivos dos sentimentos alheios. Porém, para a empatia crescer e florescer, os pais devem estimular o seu desenvolvimento.

O fator mais importante para fortalecer e conservar a empatia na criança é respeitar sua individualidade, sendo exemplo de empatia, compreensão e zelo – por mais que o comportamento da criança seja difícil de controlar. Por exemplo: se, diante de um comportamento impróprio, você começar sua resposta pela fórmula "Que pena que você resolveu fazer isso...", estará mostrando à criança que se importa com os sentimentos dela e tem empatia pelo fato de ela estar "na berlinda". Além disso, os pais podem desenvolver o potencial de empatia dos seus filhos ressaltando os efeitos do comportamento deles sobre os outros.

O ato de gritar ou bater para modificar a conduta da criança, pelo contrário, desgasta a capacidade de empatia dela. Quando reagimos com raiva ao comportamento da criança, ensinamos a ela a agir sem consideração pelos sentimentos dos outros – uma consequência que precisamos evitar. Os estudos de JoAnn Robinson, Ph.D. pela Universidade do Colorado, dão respaldo a essa verdade. Ela relata que o maior afeto maternal está associado ao aumento da empatia das crianças durante o segundo ano de vida, mas aqueles filhos que são corrigidos com raiva pelas mães expressam menos empatia. Sem empatia, é quase impossível para a criança aprender a emprestar brinquedos, brincar bem com os coleguinhas, evitar reações irritadas e violentas à adversidade e assumir pessoalmente a responsabilidade pelos seus atos.

O uso das estratégias positivas de ensino apresentadas neste livro o ajudará não só a manter alto o *seu* quociente de empatia como também a desenvolver o potencial de seu filho, para que este se torne um adulto empático, amoroso e zeloso.

O PAPEL DO DIÁLOGO INTERIOR

Aconselhamos os pais a usar aquilo que chamamos de *diálogo interior* para ajudá-los a não cair no hábito de afirmar irracionalidades para si mesmos. O *diálogo interior* define-se como as coisas que as pessoas costumam dizer de si para si e que regem seu comportamento. Por exemplo, se um pai diz "Não suporto quando meu filho choraminga!", o nível de tolerância desse pai para com a manha será muito reduzido. Mas se esse mesmo pai diz "Não gosto quando meu filho choraminga, mas dá para aguentar", então não só conseguirá tolerar o resmungo um pouco mais, como também terá maior possibilidade de planejar formas eficazes de mudar esse comportamento.

Nosso diálogo interior deve nos preparar para o sucesso e não para o fracasso. As coisas que dizemos "com nossos botões" são as mensagens mais importantes que recebemos; por isso, o diálogo interior é de imensa utilidade para os pais de pré-escolares. Se eles conseguirem se acalmar nos momentos de irritação, falando consigo próprios de forma construtiva, terão maior probabilidade de atuar de forma racional e responsável.

Às vezes, os pais sabotam a si mesmos quando dizem para si que é melhor "imitar o grupo". Por exemplo, se os pais do amiguinho de seu filho permitem que seu filho pule na cama, você pode se sentir pressionado a deixá-lo fazer o mesmo, dizendo-se que, se não deixar, não vai poder entrar para o "clubinho dos pais legais". Esse tipo de diálogo interior ligado à pressão dos amigos pode ser inofensivo – por exemplo, você compra certa marca de biscoitos porque outros pais também a compram –, mas também pode ser perigoso se levar você a gritar ou bater em seu filho porque outras mães ou pais também o fazem. Em vez de ir no embalo dos outros, aconselhamos você a seguir o que manda seu coração, seu bom-senso e seu conhecimento das formas mais eficazes e cuidadosas de criar filhos responsáveis, autossuficientes e empáticos.

DIFERENÇAS ENTRE MENINOS E MENINAS

Para melhor compreender a conduta de seu filho pré-escolar, convém compreender as diferenças entre meninos e meninas. Estas informações podem ajudá-lo a distinguir entre os comportamentos normais e aqueles que devem ser considerados problemas disciplinares. Conhecendo as diferenças naturais entre meninos e meninas, você também poderá evitar comparações entre seus filhos de sexos diferentes. (Veja também a seção "Marcos do desenvolvimento" nas páginas 26-8 para saber mais sobre o desenvolvimento de seu pré-escolar.)

Certas pesquisas mostram que a estrutura cerebral, a química do corpo e os hormônios são diferentes nos meninos e nas meninas, e que essas diferenças influenciam fortemente as diferenças de comportamento entre os sexos. Por exemplo, o cérebro dos meninos se desenvolve mais devagar que o das meninas. No menino, o hemisfério esquerdo do cérebro, que controla o raciocínio, desenvolve-se mais devagar que o direito, que controla as relações espaciais. O resultado disso é que a conexão entre os hemisférios não está totalmente formada nos meninos, que em geral têm maior habilidade matemática e de lógica, mas menor habilidade linguística e de leitura.

O cérebro das meninas se desenvolve de modo mais uniforme, proporcionando-lhes a capacidade para atividades como a leitura e para a consciência emocional. O cérebro feminino está sempre trabalhando, permitindo que as meninas consigam, mais do que os meninos, fazer várias tarefas ao mesmo tempo. O cérebro feminino também secreta mais serotonina, um neurotransmissor que inibe a agressividade.

Por outro lado, o cérebro masculino secreta mais testosterona, hormônio que estimula a agressividade. O resultado é que os meninos costumam procurar satisfações instantâneas (comem depressa, pulam de atividade em atividade), ir diretamente à solução do problema (até mesmo em situações de alta emotividade) e participar de atividades que criem tensão (esportes, competições e jogos). Essas tendências permitem aos meninos liberar sua energia acumulada.

Outras diferenças* comuns entre meninos e meninas:

---

* Essas diferenças são generalizações amplas, baseadas em várias pesquisas sobre o desenvolvimento feminino e masculino. Uma criança em particular pode diferir dessas tendências.

- Os meninos preferem concentrar-se em uma só atividade e reagem com mais agressividade às interrupções.
- As atividades motoras da menina atingem o ápice mais devagar, são menos vigorosas e duram mais tempo.
- Os meninos inventam e se dedicam a brincadeiras que ocupam mais espaço e precisam ficar ao ar livre por mais tempo.
- A atenção das meninas nos objetos é mais duradoura e menos ativa.
- As meninas fiam-se mais em seus cinco sentidos.
- Os meninos lidam melhor com as informações visuais apresentadas ao olho esquerdo, que alimenta o hemisfério direito.
- Por volta dos 5 anos de idade, as meninas estão seis meses adiantadas em relação aos meninos no desenvolvimento geral.
- Os meninos que se veem como fisicamente fortes procuram brincadeiras rudes e agitadas.
- Os meninos que se sentem seguros e competentes buscam a independência antes das meninas.

A TRANSIÇÃO PARA A EDUCAÇÃO FUNDAMENTAL PARA VOCÊ E PARA O SEU FILHO

As crianças de 1 a 5 anos são chamadas de pré-escolares porque se encontram na etapa de se tornar autodisciplinadas ou "civilizadas" pelo processo pré-educacional que as prepara para atuar no mundo organizado e regulamentado da educação fundamental. Então, quem coordena essa indução à civilização? Os pais, as "tias" da creche, os professores da pré-escola, os amigos, os parentes, os vizinhos e os demais adultos desempenham papéis importantes, ensinando aos pré-escolares virtudes como empatia, paciência, autocontrole, responsabilidade, respeito, cooperação, coragem, cortesia, perseverança e honestidade.

Uma bússola firme de virtudes morais guiará a criança em sua jornada de pré-escolar "pequeno" a aluno "grande" do ensino fundamental. É essencial que os professores das crianças em idade pré-escolar tenham a capacidade de ensinar essas virtudes. Para ficar longe dos pais por períodos cada vez maiores, a criança precisa aprender a cooperar nas brincadeiras e a tornar-se cada vez mais autossuficiente. Os anos pré-escolares são a base da disposição para aprender da criança.

Em nosso livro *The Eight Seasons of Parenthood* [As oito estações da paternidade], explicamos como o comportamento da criança em fase pré-escolar obriga os pais a assumir a identidade de "gestores familiares" ao ensinar aos filhos o comportamento correto. À medida que as crianças deixam de ser seres indefesos, que apenas engatinham, e tornam-se pessoas eretas que caminham sobre os dois pés e gostam de fazer tudo sozinhas, os pais também deixam de ser meros gestores da vida dos filhos para tornar-se magos da organização, que fazem malabarismos para trabalhar, cozinhar, limpar, dirigir e brincar – tudo isso sem deixar de ser os primeiros e mais importantes professores de seus filhos. Ser mãe ou ser pai é muito mais que simplesmente gerar uma criança. É um processo de desenvolvimento que segue pela vida afora.

MARCOS DO DESENVOLVIMENTO

A seguir são delineados alguns marcos que os pais podem esperar que seus filhos de 1 a 5 anos de idade atinjam durante a vida pré-escolar. Estes marcos são apresentados segundo a idade na qual costumam ocorrer. Como cada criança tem seu ritmo individual de desenvolvimento, uma criança em particular pode estar adiantada ou atrasada em relação à média estatística. Consulte o médico de seu filho se ele estiver consideravelmente atrasado em relação a estes marcos ou se estiver preocupado com algum outro aspecto do desenvolvimento dele.

Idade	Marco
1-2 anos	• Explora o ambiente; quer mexer em tudo. • Tira uma boa soneca durante o dia. • Brinca sozinho durante algum tempo. • Explora o próprio corpo.
2-3 anos	• Corre, escala, empurra, puxa; é muito ativo. • Parece ter os joelhos voltados para dentro. • Usa as mãos, a colher e a caneca para comer.

- Consegue tirar parte da própria roupa.
- Explora os próprios genitais.
- Dorme menos, tem sono leve.
- Gosta de rotinas.
- Fica chateado se a mãe tem que passar a noite fora.
- Quer fazer as coisas sozinho.
- É birrento e indeciso; muda de ideia.
- Tem acessos de mau humor; muda de humor com frequência.
- Imita os adultos.
- Brinca ao lado de crianças de sua idade, mas não *com* elas.
- Ainda não sabe repartir suas coisas, esperar, respeitar a vez, ceder.
- Gosta de brincar na água.
- Prolonga o ritual de boa noite.
- Emprega palavras isoladas, frases curtas.
- Tem o hábito de dizer "não".
- Tem mais facilidade para compreender o que os outros falam do que para elaborar frases.

3-4 anos

- Corre, pula e escala.
- Come sozinho; consegue beber de uma caneca sem fazer sujeira.
- Transporta coisas sem derramá-las.
- Sabe ajudar a se vestir e se despir.
- Pode não dormir durante o dia, mas brinca quietinho.
- Dá importância às atitudes dos adultos; quer aprovação.
- Fica ressentido com expressões de censura.
- Colabora; gosta de cumprir tarefas simples.
- Está na fase do "eu também!"; quer ser incluído.
- Tem curiosidade por coisas e pessoas.
- É imaginativo; pode ter medo do escuro ou de bichos.
- Pode ter um companheiro imaginário.
- Pode sair da cama à noite.
- É tagarela; usa frases curtas.
- Sabe esperar sua vez; tem um pouco de paciência.

- Pode assumir algumas responsabilidades, como guardar seus próprios brinquedos.
- Brinca bem sozinho, mas as brincadeiras em grupo podem ser tumultuadas.
- Apega-se ao pai do sexo oposto.
- É ciumento, especialmente de irmãos mais novos.
- Demonstra sentimentos de culpa.
- Manifesta a insegurança emocional choramingando, chorando, pedindo provas de amor.
- Libera a tensão chupando o dedo, roendo as unhas.

4-5 anos

- Continua a ganhar peso e a crescer.
- Continua a melhorar a coordenação motora.
- Tem bons hábitos de alimentação, sono e evacuação.
- É muito ativo.
- Começa a fazer as coisas, mas nem sempre termina.
- É mandão e fanfarrão.
- Brinca com os outros, mas é arrogante.
- Tem brigas de curta duração.
- Fala claramente; é um grande conversador.
- Conta histórias; exagera.
- Fala muito em "cocô" e "xixi".
- Inventa palavras sem sentido, com muitas sílabas.
- Ri, dá gargalhadas.
- Faz "operação tartaruga".
- Se lava quando mandam.
- Está na fase do "por quê?" e do "como?".
- Demonstra dependência com relação às outras crianças.

DICIONÁRIO DISCIPLINAR

Os seguintes termos estão definidos conforme são usados nesse livro:

Corrida contra o tempo

Uma técnica de motivação que usa a natureza competitiva de seu filho para estimulá-lo a terminar as tarefas no tempo que você estipulou. Funciona assim: marque com um cronômetro o tempo em que você quer que seu filho termine de fazer alguma coisa. Pergunte: "Você consegue acabar antes de o relógio tocar?" Como toda criança adora ganhar, ela tem aí a oportunidade de vencer uma corrida contra o tempo. O mais importante é que seu filho concluirá a tarefa no prazo sem disputas pelo poder. Nossos quarenta anos de trabalho junto a milhares de crianças e famílias mostraram que a corrida contra o tempo reduz os atritos da criança com os pais porque transfere a autoridade para uma figura neutra: um relógio.

Regra da vovó

Um acordo contratual segundo o modelo "Quando você tiver feito X (aquilo que os pais querem que a criança faça), aí vai poder fazer Y (aquilo que ela quer fazer)." É melhor sempre enunciar a regra da vovó na forma positiva, não na negativa. Nunca substitua "quando" por "se". Isto incita a criança a perguntar "E se eu não fizer X?" A regra da vovó, que deriva do axioma "Quem não trabalha, não come", exerce um efeito poderoso sobre o comportamento porque estabelece reforços comprovados (recompensas, consequências positivas) para o comportamento adequado.

Momento neutro

É um momento livre de conflitos, como quando seu filho acabou de ter um acesso de raiva e está brincando quietinho. O momento neutro é a melhor hora para ensinar novos comportamentos, porque seu filho está calmo e receptivo ao aprendizado.

Elogio

É o reconhecimento verbal de um comportamento que você quer reforçar. O elogio deve se dirigir ao comportamento, não à criança. Por exemplo, diga "Você comeu bem", e não "Que boa menina, comeu direitinho". Ao dizer "Que boa menina, comeu direitinho", você faz algo que não deve fazer: vincula o valor da criança ao comportamento dela. Não se deve ensinar à criança que, quando ela se comporta bem, é uma pessoa boa, mas, se comete um erro, torna-se uma pessoa má. Acreditamos que as crianças são inerentemente boas. É o comportamento delas que os pais estão julgando e procurando mudar para melhor.

Repreensão

Uma declaração curta que inclui o seguinte: (1) a ordem de parar com certo comportamento, (2) um motivo para o comportamento ter que parar e (3) uma alternativa ao comportamento. Você pode, por exemplo, dizer a seu filho: "Pare de bater nele. Isso machuca. Peça direito a seu amigo que lhe empreste brinquedo."

Regra

Expectativas comportamentais predeterminadas que incluam resultado e consequências declarados. Um exemplo de regra seria: "Quando tiramos as roupas sujas, temos de colocá-las no cesto. Assim, nossa casa continua arrumada e não temos de pegar as coisas do chão o tempo todo. E, se você se lembrar desta regra assim que tirar a roupa, não vai ter sempre de juntar as roupas sujas acumuladas para colocá-las no cesto." Estipule e faça valer suas regras; esta é uma técnica eficiente de resolução de problemas. Nossos anos de trabalho com crianças e famílias mostraram que as crianças se comportam melhor quando seu mundo tem limites claros e quando podem prever as consequências dos seus atos.

Tempo para pensar

Trata-se de tirar a criança de uma situação por um período de tempo determinado, em geral devido a um comportamento inadequado. No típico "tempo para pensar", você senta seu filho em uma cadeira ou o deixa dentro de um quarto, acerta o cronômetro para determinado período (cerca de um minuto por ano de vida, até cinco minutos) e lhe diz que ele deve permanecer ali até o relógio tocar. Se ele sair do tempo para pensar antes de o relógio tocar, zere o cronômetro e diga que ele deve permanecer ali até o relógio tocar. Repita o procedimento até ele permanecer ali durante todo o tempo para pensar. Uma das vantagens do tempo para pensar é que ele separa você de seu filho quando os ânimos estão exaltados, dando aos dois a oportunidade de retomar o autocontrole.

COMO USAR ESTE LIVRO

Para usar este livro com mais eficiência, pense em cada sugestão de "O que fazer" como solução para determinado problema comportamental. Avalie você mesmo a gravidade do problema, depois comece pela medida menos severa. O princípio básico para mudar o comportamento infantil é "tentar primeiro a estratégia mais branda". Em geral, isso significa mostrar a seu filho o que fazer e estimulá-lo a fazê-lo. Caso não funcione, tente a segunda estratégia mais branda, e assim por diante, até encontrar uma que funcione. É igualmente importante saber o que não fazer durante uma crise de comportamento, por isso preste especial atenção às sugestões de "O que não fazer" listadas em cada seção. Elas o ajudarão a impedir que determinadas condutas se repitam ou agravem.

Como os pais e as crianças são indivíduos, certas palavras e atos que este livro sugere que sejam aplicados em determinadas situações soarão mais naturais para uns do que para outros. Mude uma ou duas palavras se o jeito de falar sugerido não fluir naturalmente para você. As crianças de 1 a 5 anos têm aguda sensibilidade em relação aos sentimentos e às reações sutis de seus pais e prestam muita atenção nisso. Torne suas palavras e atos verossímeis para seus filhos e eles aceitarão sua disciplina com mais facilidade.

As medidas preconizadas neste livro partem do pressuposto de que você deve tratar seu filho com o mesmo respeito que você teria com outras pessoas em sua casa. Seus filhos aprendem a ser respeitosos se recebem tratamento respeitoso. Trate seu filho como se ele fosse um hóspede da sua casa. Isso não quer dizer que ele não precise seguir regras; quer dizer que é com carinho e respeito que ele deve ser ensinado a segui-las.

Desde 1984, este livro tem ensinado os fundamentos da disciplina para centenas de milhares de pais e responsáveis. Sentimo-nos honrados por ter esse importante papel no primeiro capítulo da vida dessas famílias. A jornada delas é também a sua e a nossa jornada enquanto educarmos crianças em idade pré-escolar.

AGRESSIVIDADE

Como elefantes em uma loja de cristais, muitos pré-escolares vivazes arremessam brinquedos ou se lançam eles mesmos contra o alvo mais próximo quando estão frustrados, zangados ou simplesmente eufóricos. Por quê? Porque essas pequenas usinas de força são incapazes de avaliar a situação ou de encontrar soluções de meio-termo, e arremessar um livro ou um brinquedo não parece muito diferente de arremessar uma bola. Dome a agressividade de seu filho explicando primeiro que bater, morder, jogar coisas e provocar os outros é inaceitável. Então demonstre e verbalize (até mesmo para seu filho de 1 ano de idade) o tipo de conduta que você deseja ver nele: beijar, abraçar, conversar, e assim por diante. Explique também por que esses gestos são aceitáveis. Faça questão de aplicar as regras rígida e regularmente, a fim de guiar seu filho no caminho do comportamento adequado.

Observação: Se a agressividade de seu filho for uma constante nas brincadeiras do dia a dia e um transtorno para amigos e familiares e para você, procure um profissional para descobrir o que pode estar causando esse problema.

COMO PREVENIR O PROBLEMA

Supervisione de perto as brincadeiras de seu filho

Para impedir que os colegas de seu filho o ensinem a ser agressivo, veja como ele e os amigos interagem entre si e cuidam de seus brinquedos. Não deixe a agressividade causar machucados ou prejuízos. Além disso, trate o comportamento inadequado dos amigos de seu filho como trataria o dele.

Não seja modelo para o comportamento agressivo

Trate seus objetos como gostaria que seu filho tratasse os dele. Por exemplo, se você bate ou arremessa objetos quando fica bravo, está ensinando seu filho a ser agressivo quando está furioso.

Explique por que morder e bater nos outros é inaceitável

Para ajudar seu filho a entender que a agressão é desagradável para ambos os lados, explique como se sente a vítima de mordidas e socos.

COMO SOLUCIONAR O PROBLEMA

O que fazer

Diga a seu filho o que ele pode fazer em lugar de bater nos outros

Quando o comportamento agressivo começar, diga a seu filho o que ele pode fazer em lugar de bater nos outros quando estiver zangado. Diga-lhe, por exemplo, que ele pode pedir ajuda, ou dizer "Não brinco mais", ou simplesmente sair do grupo. Peça-lhe que ensaie essas falas cinco vezes até que esteja familiarizado com as palavras e o modo de usá-las.

Elogie o bom convívio

Explique o que significa *bom convívio*. Diga a seu filho que aprecia o comportamento dele quando ele reparte as suas coisas, espera a sua vez, pede ajuda, e assim por diante. Diga, por exemplo: "Gostei de ver você emprestando os brinquedos, querido." Sempre seja específico no seu elogio. Quanto mais você elogiar o comportamento de seu filho, mais esse comportamento vai se repetir.

Chame-lhe a atenção

Quando você chama a atenção do seu filho, você o ajuda a compreender por que reprova o comportamento dele. Além disso, demonstra que respeita a capacidade dele de entender suas motivações. As três partes de uma reprimenda eficaz por ter batido em alguém, por exemplo, seriam: mandar seu filho parar ("Pare de bater!"), explicar por que você não aprova esse comportamento ("Isso machuca as pessoas!") e sugerir uma alternativa aceitável ("Quando ficar zangado, basta sair da brincadeira."). Se seu filho continuar agressivo, repita a repreensão e inclua um "tempo para pensar" a fim de reforçar a mensagem.

Esqueça o incidente quando tudo estiver terminado

Se você ficar lembrando seu filho de suas agressões passadas, isso não o ensinará a se comportar de maneira adequada. Pelo contrário: vai lhe dar a ideia de ser agressivo outra vez.

O que não fazer

Não use agressão contra a agressão

Bater em seu filho é o mesmo que lhe dar permissão para bater nos outros em circunstâncias parecidas.

Não saia do sério quando seu filho sair

Se você ficar bravo quando seu filho bater nos outros, por exemplo, estará comprovando a ele que pode usar a agressão para ter poder sobre você.

Mike, a Fera

Com 1 ano e 10 meses de idade, Mike Morgan ficou conhecido como a "fera" da vizinhança, porque mordia as pessoas. Começou mordendo seus dois irmãos mais velhos, que o provocavam sem trégua. A senhora Morgan ameaçava o caçula para conter-lhe a agressividade. "Se você não parar de morder os outros, Mikey, vou ter de bater em você." Mas ela sabia que não tinha a intenção de cumprir essa ameaça.

As provocações dos irmãos de Mike, de 3 e 5 anos, não pareciam incomodar a mãe. Na verdade, a família era muito brincalhona, e ela achava que o fato de os mais velhos zombarem de Mikey iria ajudá-lo a aprender a não se levar demasiado a sério. O marido não concordava. Um dia, ele disse: "Pense em como o Mike deve se sentir com toda essa provocação."

Embora não quisesse admiti-lo, a senhora Morgan nunca havia pensado sobre esse problema do ponto de vista de Mike – que ele mordia os irmãos para se vingar, porque não conseguia se equiparar aos ataques verbais deles. Resolveu ensinar aos três que não toleraria que eles se mordessem, batessem, provocassem e atirassem objetos uns nos outros. Achava que só assim poderia ensinar os mais velhos a serem exemplos de bom comportamento, e ensinar Mike a usar formas melhores de chamar a atenção.

No dia seguinte, Mike começou a morder os irmãos depois que estes o chamaram de "resmungão". Primeiro, a senhora Morgan repreendeu Mike: "Pare de morder, Mikey. Isso machuca as pessoas." Repreendeu também os irmãos de Mike: "Parem de provocar. Isso não se faz. Provocar magoa as pessoas."

Mas as reprimendas não fizeram cessar os ataques físicos e verbais dos garotos. Então, a senhora Morgan disse: "Que pena que vocês ainda estão se provocando e se mordendo. Tempo para pensar!" Os três foram colocados em cadeiras diferentes e a mãe lhes disse que pensassem sobre o que acontecera e no que poderiam fazer para evitar que tal coisa ocorresse de novo.

À medida que a senhora Morgan firmava sua disciplina, e à medida que elogiava toda boa convivência entre os meninos em casa, os filhos aprenderam o que lhes aconteceria quando brigassem e quando fossem cordiais. Mike passou a morder menos, já que não tinha mais de tolerar as provocações dos irmãos; e estes aprenderam que a provocação magoa as pessoas.

TIMIDEZ

Imagine que você encontrou sua vizinha no supermercado durante uma agradável sessão de compras com seu filho de 3 anos. De repente, ele se agarra à sua perna e não responde ao corriqueiro cumprimento da vizinha: "Tudo bom, Sam?" Você estranha esse comportamento fora do comum e pergunta a seu filho: "Qual é o problema? Você adora a Kathy!"

Você não é a única a passar por isso. Milhões de pais ficam confusos com o súbito "travamento" dos seus filhos ao depararem com uma pergunta. Enquanto algumas crianças abordam o mundo com curiosidade irrefreável, outras refreiam sua curiosidade, preferindo "observar antes de saltar". Ambas as tendências são consideradas normais; cada uma reflete um estilo inato.

Em outras palavras, a timidez não é um problema em si e por si. Mas vira um problema quando a inibição de uma criança é tanta que a impede de fazer amigos ou de participar de atividades sociais fora de casa, como ir a uma festa de aniversário ou à biblioteca. Ensine a seu filho pré-escolar o trato social e ensaie com ele situações sociais diversas para ajudá-lo a diminuir sua timidez e aumentar sua autoconfiança.

COMO PREVENIR O PROBLEMA

Estabeleça expectativas e metas realistas

A forma como você espera que seu filho se comporte junto aos outros pode não ser realista para o estágio de desenvolvimento dele. Por exemplo, caso seu filho de 2 anos não esteja com vontade de ir a uma festa de aniversário, obrigá-lo a ir só servirá para deixá-lo com mais medo de atividades sociais no futuro. As crianças pré-escolares superam suas inibições quando ganham experiência na interação com as outras. Não espere, porém, mudanças instantâneas.

Aceite a timidez de seu filho

Cada criança nasce com um temperamento diferente: umas são sociáveis e extrovertidas, outras prevenidas e tímidas, e outras ainda hesitam entre os dois polos. Em vez de passar para seu filho tímido a impressão de que há algo de errado com ele porque não se amolda às expectativas que você tem, aceite sua timidez como parte do seu temperamento.

Elogie seu filho

Quando seu filho fizer um comentário durante uma conversa, elogie-o. Diga, por exemplo: "Gostei do que disse sobre o cachorrinho, Stevie. A pata branca dele é mesmo muito diferente."

Seja um bom exemplo para ele

Dê a seu filho diversas oportunidades para assistir à sua interação social com outras pessoas. Além disso, represente diferentes situações junto dele, ensinando-lhe o que dizer em cada circunstância. Diga, por exemplo: "Quando as pessoas me perguntam 'Como vai?', geralmente respondo, 'Bem, e você?'."

COMO SOLUCIONAR O PROBLEMA

O que fazer

Crie um ambiente livre de censura e vergonha

Quando seu filho sentir que pode cometer erros sem ser censurado ou sentir vergonha, terá mais facilidade para deixar de lado seu jeito tímido. Se ele derramar o leite, diga: "Isso não é nada. Venha cá, vamos limpar juntos."

Ensaie perguntas e respostas

Se seu filho fica tímido de repente, deve estar lhe dizendo que precisa aprender como responder a perguntas. Ensaie com ele enquanto estiverem no carro ou brincando na banheira. Diga, por exemplo: “Quando alguém pergunta, ‘Como é o seu nome?’, diga ‘Stevie’. Assim vão saber quem você é. Agora vamos treinar. Quando eu disser ‘Como é o seu nome?’, o que você responde?” Treine com seu filho várias vezes todo dia até que a resposta “Stevie” saia automaticamente.

Ensaie junto à família e aos amigos

Conceda a seu filho a oportunidade para participar das conversas. Diga, por exemplo: “O que acha de jantarmos pizza esta noite?” ou “Conte ao Johnny como foi o seu passeio ao zoológico hoje”.

Caso necessário, procure ajuda profissional

Se a timidez interfere na felicidade de seu filho, se o impede de participar de atividades apropriadas para ele, e se parece que está deixando-o infeliz, você deve buscar a ajuda de um profissional qualificado.

O que não fazer

Não humilhe nem castigue

Mesmo que você esteja com vergonha da timidez de seu filho, castigá-lo ou humilhá-lo só vai desestimulá-lo ainda mais a adquirir confiança social. Pedir desculpas pelo comportamento dele, dizendo aos outros que esse é o seu “filho tímido” ou que ele “não gosta de falar”, só vai aumentar o medo dele de gente.

Não implore

Mesmo que se sinta tentadíssimo a implorar a seu filho para “responder à moça”, fazer isso aumentará consideravelmente o poder da reticência de seu filho e mais tarde incentivará novas recusas.

Não rotule

Inventar desculpas para amigos e família, dizendo que seu filho é “tímido”, cria uma profecia autorrealizável que ele precisa cumprir. Também o desestimula a tentar se portar de forma diferente mais tarde.

Conhecendo melhor o Eduardo

Eduardo Bartone foi um bebê tímido, que virava a cara para pessoas desconhecidas ou mergulhava a cabeça no ombro da mãe quando havia estranhos por perto. Seu pai, Miguel, também fora tímido quando pequeno. A avó de Eduardo, Leona, dizia que ninguém além da família havia ouvido Miguel falar até ele entrar na adolescência.

A mãe de Eduardo, Maria, esperava que Eduardo fosse superar sua timidez com o tempo. Mas, aos 5 anos, "Eduardo Tímido", como ela o chamava, não dava nenhum indício de estar ficando mais extrovertido. Miguel compreendia o filho e a dor que ele sentia ao ter de falar com estranhos.

Então Miguel elaborou um plano para ajudar seu filho. Primeiro, envolveu-o na conversa perguntando coisas que requeriam mais do que "sim" ou "não" como resposta. Miguel perguntava a seu filho: "O que você comeu no almoço hoje?", ou "Do que brincou na escola hoje?". Quando Eduardo respondia com mais de uma ou duas palavras, Miguel dizia: "Eduardo, que bom que me contou isso", ou "Que história interessante essa de brincar de aviãozinho no pátio".

Miguel também fez Eduardo ensaiar cumprimentos. Os dois fingiam que estavam se encontrando na rua, e Eduardo dizia: "Oi, como vai?", e Miguel respondia: "Bem, obrigado. E você?". E então riam. Pouco a pouco, Eduardo começou a se soltar mais quando havia gente não muito íntima por perto, e logo família e amigos começaram a comentar como ele estava ficando bem-educado.

A mãe e o pai de Eduardo ficaram contentes com isso. Acreditavam que ele fosse seguir o mesmo caminho tímido de Miguel, e ficaram comovidos ao vê-lo sair da concha. E prometeram um ao outro nunca mais voltar a rotular o filho.

SEDENTARISMO

No mundo atual, em que imperam jogos e brinquedos de muita tecnologia e pouca agilidade, é fácil para seu filho deixar que somente os dedos – e não as pernas – explorem o ambiente. Mas a criança pequena precisa de atividades físicas para desenvolver bem os músculos e a mente. Resista à tentação de arranjar um pouco de tempo livre para si plantando frequentemente seu filho pré-escolar na frente da babá eletrônica. Jogos de computador e *videogame* aprovados pelos pais e programas de televisão educativos podem ser instrumentos construtivos para o aprendizado. Porém, quando usados em excesso, podem lançar as bases de um estilo de vida insalubre e sedentário.

COMO PREVENIR O PROBLEMA

Desligue a TV

A Academia Americana de Pediatria recomenda que os pais restrinjam o tempo das crianças em frente à televisão para, no máximo, duas horas por dia. Limitar o tempo de televisão e demais atividades "de sofá" estimula a criatividade e reduz a agressividade das crianças.

Mexa-se!

Atividades físicas estimulam o cérebro e o coração de filhos e pais. Fazer polichinelos, brincar de cavalinho e participar de outras atividades físicas agradáveis tonifica os músculos da criança que já sabe andar e cansa os pequenos, que dormem mais profundamente.

Cultive a criatividade

Em vez de permitir que seus filhos pequenos virem esponjas passivas, absorvendo tudo o que a mídia lhes diz, atraia a atenção deles para a construção de fortes e castelos e para a criação dos próprios jogos, desenhos, colagens e demais atividades que mantenham ativos seu corpo e mente em crescimento.

COMO SOLUCIONAR O PROBLEMA

O que fazer

Estipule limites de tempo para o uso de mídias eletrônicas

Para evitar a habitual fruição excessiva dos meios eletrônicos, utilize um cronômetro para informar a seu filho a hora de apertar o botão de desligar, e elogie-o quando ele substituí-la por atividades físicas. Diga: "Que bom que desligou a TV e resolveu brincar de escolinha. Está dando aula de quê?"

Mostre a seu filho como ser uma pessoa ativa

As crianças são especialistas em imitação; por isso, para mostrar a elas como levar uma vida ativa, dê você mesmo o exemplo. Se elas virem você cozinhando, limpando, lavando, escrevendo, se exercitando, visitando amigos, pagando contas, trabalhando ao ar livre e brincando com elas, ficarão mais inclinadas a usar o tempo para interagir com o mundo, em vez de assistir à TV.

Elogie a atividade física

Quando seus filhos estiverem brincando de alguma coisa bem dinâmica, chame a atenção para a atitude saudável deles dizendo: "Brincar de balanço é divertido e ajuda o corpo e a mente a crescerem fortes e saudáveis."

O que não fazer

Não use a TV para se livrar temporariamente das crianças

Dizer a seu filho para "ir assistir a um pouco de TV e ficar longe da cozinha enquanto faço o jantar" só incentiva o sedentarismo. Em vez de expulsar seu filho da cozinha, apresente-o ao mundo das frituras, dos assados e cozidos pedindo-lhe que realize tarefas adequadas a sua idade, como lavar as batatas ou desfolhar a alface.

Não gratifique com comida

Ajude seus filhos a entenderem que a comida deve ser usada para nutrir, não para recompensar bom comportamento ou para consolar um coração partido. Deixe a comida de fora das suas recompensas, pois assim dar alimento não será confundido com dar aprovação ou afeto.

Não permita refeições em frente à TV

Vincular TV e comida pode fazer que os pequenos sedentários "inflem" em um grau nem um pouco sadio! Além do mais, quando seu filho come assistindo à TV, ele não consegue se concentrar direito em nenhum dos dois, e portanto não desfruta completamente nem de uma coisa nem de outra.

Um problema de peso

O passatempo preferido de Latisha Johnson era assistir à televisão, mas jogar videogames *no computador da família perdia por pouco. O fato de ela ocupar-se por horas e horas a fio era tanto bom quanto ruim para sua mãe, Janelle. A parte boa? Janelle conseguia fazer o jantar depois do trabalho sem interrupções porque Latisha corria para os adorados brinquedos eletrônicos assim que chegava da creche. A parte ruim? A dose maciça de meios eletrônicos começava a prejudicar a saúde de Latisha.*

A menina de 4 anos não só adorava assistir à TV como também comer enquanto isso. Ela pedia a Janelle todas as guloseimas anunciadas na TV, e a mãe, para não contrariar a filha, cedia. No entanto, Janelle começou a se sentir culpada quando o pediatra disse que Latisha engordara muito desde a última consulta.

Infelizmente, Latisha não era a única que adorava TV e guloseimas. Anthony, o pai de Latisha, era um sedentário inveterado. Ele voltava do trabalho e se aboletava no sofá, onde assistia a jogo após jogo. Anthony entendia o problema que começava a aparecer em sua filha porque sabia quanto era difícil afivelar o cinto sobre o próprio abdômen, cada vez mais protuberante.

Certa noite, no jantar, Janelle disse: "Latisha, querida, seu pai e eu andamos pensando que assistimos à TV demais aqui em casa, por isso criamos três regras. Primeiro, vamos ter só uma hora de TV por dia e resolver juntos o que podemos assistir. Segundo, o computador só vai poder ser usado uma hora por dia. Terceiro, vamos comer sempre na copa ou na sala de jantar, e enquanto comemos a TV vai ficar desligada."

"Mas eu gosto de ver TV!", resmungou Latisha. "O que é que eu vou fazer se não puder ver TV nem brincar no computador?"

"Eu tenho uma ideia", disse Anthony. "Vamos inventar nossos próprios programas de TV. Vamos arranjar fantasias, inventar histórias e atuar."

"Ah, boa!", disse Latisha, empolgada. Naquela noite, então, vasculharam a casa em busca de roupas velhas que servissem como fantasias e montaram um estúdio no porão. O esforço foi tamanho que Latisha estava exausta ao ir para a cama naquela noite. Depois disso, toda semana ela convidava os amigos do pré-escolar para brincar de "programa de TV" no porão.

Janelle não só viu sua filhinha rechonchuda começar a emagrecer, como também notou que ela estava ficando cada vez mais criativa de diversas formas. Latisha também andava mais interessada em ouvir histórias para dormir, em vez de insistir para assistirem à TV juntos antes de ir para a cama. A brincadeira criativa da família também foi a dieta perfeita para Anthony. Seu abdômen começou a ficar durinho quando ele começou a apresentar uma aula de ginástica no "programa de TV" da família.

Embora Janelle tenha perdido seu tempo livre, que passou a ser compartilhado com a família, ela percebeu que a mudança era boa para todos. Ela sabia que a compensação em matéria de diálogo, diversão, carinho e aproximação superava em muito o sacrifício.

A CRIANÇA SE AGARRA AOS PAIS

A imagem do pré-escolar agarrado à saia da mãe enquanto ela tenta cozinhar ou sair de casa não é faz de conta para muitos pais. É uma parte real e emocionalmente extenuante da vida cotidiana. Mesmo que seja difícil, resista à tentação de ir ver como vai sua "trepadeirazinha" de cinco em cinco minutos. Caso você queira (ou precise) deixar seu filho com uma babá, garanta-lhe firme e amorosamente que está orgulhoso dele por ficar com a babá e que depois você volta. Diga-lhe, em um tom sincero, que acha ótimo ele ter essa oportunidade de brincar com a babá. Sua postura positiva será contagiosa (como seria também a negativa). Você também servirá de exemplo para que seu filho não ache tão ruim a separação e se divirta com outras pessoas. Dê-lhe muitos beijos e abraços em diferentes momentos, para evitar que ele se sinta ignorado e queira se agarrar a você em busca de atenção. Agarrar é diferente de abraçar: é um pedido urgente de atenção imediata.

COMO PREVENIR O PROBLEMA

Pratique deixar seu filho com uma babá

Para acostumar seu filho à ideia de que você nem sempre estará por perto, experimente deixá-lo com outras pessoas ocasionalmente por pouco tempo (algumas horas) desde bem pequeno. Esses afastamentos são saudáveis para pais e filhos.

Diga a seu filho o que cada um de vocês fará durante a sua ausência

Conte a seu filho o que você vai fazer longe dele, a fim de lhe dar um bom exemplo a seguir quando você pergunta a ele o que fez durante o dia. Descreva o que ele vai fazer e onde você estará quando sair, assim ele não se preocupará com o seu destino ou o dele. Diga, por exemplo: "A Laura vai preparar seu jantar, ler uma historinha e colocar você para dormir. O papai e eu vamos sair para jantar e voltamos hoje às onze da noite." Ou diga: "Agora preciso fazer o jantar. Quando eu tiver terminado e você tiver brincado com a massinha, podemos ler uma história."

Brinque de "achou!"

Esta brincadeira simples acostuma seu filho à ideia de que as coisas (e você) desaparecem e, principalmente, que reaparecem logo em seguida. As crianças que já sabem andar e que estão no pré-escolar brincam de "achou!" de várias maneiras: cobrindo o rosto com as mãos ou escondendo-se atrás de algum objeto, vendo os outros fazer o mesmo e (para crianças de 2 a 5 anos) participando de uma brincadeira mais ativa, o esconde-esconde.

Garanta a seu filho que você voltará logo

Não se esqueça de dizer a seu filho que você vai voltar, e de provar para ele que sua palavra é de ouro voltando quando prometeu.

Invente atividades diferentes para o período com a babá

Atividades fora do comum ajudam seu filho a torcer para chegar a hora de ficar com a babá, em vez de ficar aborrecido com a sua ausência. Separe vídeos, tintas de pintura a dedo, jogos, livros de histórias e outros materiais que só aparecem quando a babá chega.

Prepare seu filho para a separação

Diga a seu filho que vai sair e plante a sugestão de que ele vai ficar bem enquanto você estiver longe. Fale, por exemplo: "Você está tão crescido, um verdadeiro rapazinho. Sei que vai ficar bem até eu voltar." Se você o pegar de surpresa saindo sem avisar, ele ficará imaginando quando você vai sumir de novo.

COMO SOLUCIONAR O PROBLEMA

O que fazer

Prepare-se para a choradeira quando for sair e seu filho não gostar da ideia

Lembre-se de que o choro vai acabar diminuindo quando seu filho aprender a valiosa lição de que pode sobreviver sem você por algum tempo. Diga a si próprio: "Ele está chorando porque me ama. Mas ele precisa aprender que, embora eu nem sempre possa brincar com ele e às vezes me ausente, sempre vou voltar."

Elogie seu filho por suportar bem uma separação

Faça seu filho sentir-se orgulhoso de sua capacidade de brincar sozinho. Diga, por exemplo: "Estou tão orgulhoso de você por se divertir sozinho enquanto eu limpo o forno." Isso vai reforçar ainda mais a autoconfiança e a independência dele, o que vai beneficiar vocês dois.

Use a cadeira da manha (pp. 198-202)

Diga a seu filho que, se ele não gostar de você estar ocupado ou ter de sair, mesmo que por períodos curtos, isso não é problema. Porém, deixe bem claro que fazer manha incomoda os outros. Diga, por exemplo: "Que pena que você não quer que eu cozinhe agora. Vá para a cadeirinha da manha até conseguir brincar sem choramingar." Deixe a criança manhosa choramingar – longe de você.

Reconheça que seu filho precisa passar algum tempo longe de você

É necessário que filhos e pais tirem uma folga da companhia constante uns dos outros. Então mantenha sua rotina diária, mesmo que seu filho proteste por você fazer outra coisa além de brincar com ele ou faça um estardalhaço ao ser deixado com a babá.

Comece as separações gradativamente

Se seu filho exigir muito do seu tempo a partir de 1 ano de idade, brinque de "corrida contra o tempo". Dê-lhe cinco minutos do seu tempo e cinco minutos para ele brincar sozinho. Vá aumentando o tempo de brincar sozinho para cada cinco minutos passados com você até que ele consiga brincar uma hora inteira sozinho.

O que não fazer

Não se zangue quando seu filho não quiser se separar de você

Diga a si próprio que seu filho prefere a sua companhia a qualquer outra coisa.

Não castigue seu filho por não querer se separar de você

Em vez disso, siga as instruções mencionadas para ensiná-lo a se separar de você.

Não passe mensagens confusas

Não diga a seu filho para sair de perto enquanto o abraça, faz cafuné ou faz carinho nele. Ele vai ficar sem saber se deve ficar ou partir.

Não torne a doença uma forma conveniente de obter mais atenção

Não torne a doença mais prazerosa do que a saúde deixando seu filho doente fazer coisas que geralmente seriam intoleráveis. A doença deve ser tratada de forma comum, com poucas mudanças na rotina.

"Não vão embora!"

Natalie e Rick Gordon gostavam tanto de ir a festas que, quando seu filho de 4 anos, Tyler, agarrava horrorizado os casacos deles quando chegava a babá, os dois faziam pouco de seus sentimentos. "Ah, o que é isso, Tyler, querido, não aja como um bebezinho! Papai e mamãe te amam. Que besteira ficar triste com isso. Nós saímos todo sábado."

Mas Tyler não se tranquilizava. Ele gritava ensurdecedoramente: "Não vão embora! Não vão! Me levem!" Sua carência persistia, e os Gordons não conseguiam entender o que estavam fazendo de errado para que seu filho os punisse sempre que queriam sair de casa. Perguntavam-se: "Por que será que ele nos envergonha na frente da babá e mancha nossas roupas de festa com seus dedinhos melados?"

O casal Gordon acabou revelando sua frustração ao casal amigo Reilly, que tentou tranquilizá-los explicando que Tyler não queria deixá-los partir porque os amava. O casal Reilly também contou como ajudou sua filha a se acostumar à sua ausência.

A família Gordon experimentou a estratégia da Reilly na noite do sábado seguinte. Antes de irem embora, prepararam Tyler para sua partida dizendo: "Agora você já é um rapazinho. Divirta-se brincando com a Laura enquanto estivermos no cinema. Quando voltarmos, você já estará dormindo, mas estaremos aqui de manhã, quando você acordar. A Laura vai fazer pipoca para você na nossa pipoqueira nova, vai ler uma historinha e depois você vai dormir. Divirta-se!" Não deixaram sua despedida se prolongar em abraços cheios de lágrimas e, quando saíram, Tyler estava apenas choramingando.

Depois desse visível sucesso, começaram a elogiar Tyler por escutar a explicação do lugar para onde estavam indo, do que planejavam fazer e de quanto tempo demorariam. Sempre que o relatório da babá era positivo, diziam a Tyler o quanto se sentiam orgulhosos por ele brincar direitinho enquanto estavam longe. "Obrigado por ter ficado tão calmo e por ter ajudado a Laura com os biscoitinhos ontem", diziam, abraçando-o.

O casal Gordon teve sobretudo paciência. Sabiam que poderiam ter de esperar muitas semanas antes de poder sair ao som de passinhos empolgados, em vez de esperneios e lamúrias. Mas, enquanto isso, pararam de acusar Tyler de se comportar "como bebê" e reduziram o seu choro, ignorando-o.

EMBROMAÇÃO

Como o tempo ainda não tem sentido para uma criança com menos de 6 anos, a pressa não oferece muitas vantagens. Disfarce os comandos de "vamos logo" ou "anda rápido" apostando corridas com seu filho ou dando-lhe ensejo para correr para os seus braços. As instruções não devem ser ordens frustrantes, mas ocasiões de diversão. Deixe seu filho sentir que controla a velocidade ou a lentidão com que faz as coisas, para que não sinta necessidade de embromar a fim de influir no ritmo dos acontecimentos.

COMO PREVENIR O PROBLEMA

Procure ser pontual

Se você fizer questão de ser pontual, ajudará seu filho a entender a importância de cumprir prazos e estimulará nele a empatia pelos outros. Diga: "Temos que correr para nos arrumar. Assim chegamos à escola na hora certa e não deixamos a professora esperando." Com isso, seu filho terá motivação para andar mais rápido e compreenderá o vínculo entre a pontualidade e o impacto do atraso sobre os outros.

Tente planejar para que haja uma margem de tempo

Se você estiver com pressa, esperar sua "tartaruga" pré-escolar poderá fazê-lo perder as estribeiras e atrasá-los ainda mais. Faça o possível para ter tempo de sobra ao se aprontar para sair, pois a embromação é uma reação típica de alguém que não entende o que a pressa significa e passa o tempo todo investigando o mundo.

Estipule e mantenha uma grade de horários

Como a criança precisa de rotina e de estabilidade em seu dia a dia e tende a embromar mais quando sua rotina é quebrada, estipule limites de tempo e horários regulares para refeições, brincadeiras, banhos e sono, familiarizando-a com a grade de horários em que você quer que ela viva.

COMO SOLUCIONAR O PROBLEMA

O que fazer

Ajude seu filho a entrar no seu ritmo

Faça perguntas motivadoras e brincadeiras simples para disfarçar a pressa. Por exemplo, incentive seu filho a ficar pronto fazendo-o adivinhar o que a vovó tem em casa, ou peça-lhe que corra até seus braços se quiser que ele vença depressa o caminho da porta até o carro.

Brinque de "corrida contra o tempo"

As crianças sempre andam mais depressa tentando vencer um relógio (uma autoridade neutra) do que tentando fazer o que você pediu. Diga: "Vamos ver se você consegue se vestir antes de o relógio tocar."

Recompense a velocidade

Diga, por exemplo: "Quando você ganhar do relógio, vai poder brincar dez minutos antes de ir para a escola." Isso faz seu filho perceber que a observância de uma tabela de horários rende boas consequências.

Recompense o movimento, além dos resultados

Motive seu filho a concluir afazeres estimulando-o durante sua realização. Diga, por exemplo: "Que bom que está se vestindo rápido", em vez de esperar até ele estar pronto para então dizer: "Obrigado por ter se vestido."

Guie seu filho manualmente

Você talvez precise conduzir fisicamente seu filho em uma tarefa (entrar no carro, vestir-se e outras) para ensinar-lhe que o mundo segue adiante não obstante as vontades dele naquele instante.

Use a "regra da vovó"

Se seu filho embroma porque quer fazer uma coisa quando você quer que ele faça outra, use a regra da vovó. Por exemplo: "Quando tiver terminado de se vestir, vai poder brincar com o trenzinho."

O que não fazer

Não perca o controle

Se você estiver com pressa e seu filho não, evite que os dois se atrasem ainda mais dando-lhe atenção por embromar (insistindo ou gritando com ele para que ande logo, por exemplo). Irritar-se só vai incentivar a lentidão de seu filho.

Não insista

Quando você insiste com seu filho para andar mais rápido quando ele está embromando, isso é o mesmo que lhe dar atenção por *não* estar se mexendo. Disfarce a técnica que você usa para apressá-lo, transformando-a em um jogo.

Não embrome

Se você aprontar seu filho para ir a algum lugar e depois deixá-lo esperando até que você se arrume, estará transmitindo-lhe a mensagem de que você não leva o atraso realmente a sério. Não anuncie que está pronto para ir à casa da vovó, por exemplo, se não estiver.

Allison, a marcha-lenta

Allison, uma menina de 3 anos, tinha tendência a se distrair com folhas de grama ou a brincar com os cadarços dos tênis em vez de fazer o que o momento exigia. Vovó Harris, que costumava cuidar dela, sentia-se mal por ter de ralhar e praticamente arrastar a netinha até a porta da pré-escola. "Vamos! Chega de enrolar!", ordenava, mas Allison parecia surda a qualquer estímulo para fazer as coisas mais rapidamente do que estava acostumada.

Indefesa, irritada e magoada com sua neta preferida, vovó Harris acabou dizendo à filha que não poderia mais tomar conta dela. A senhora Smith aconselhou à mãe que elogiasse as tentativas de Allison de não ser tão morosa e a ignorasse quando ela começasse a enrolar. Recomendou também que gratificasse Allison quando andasse rápido, uma atitude bastante natural para a avó, que adorava presentear os netinhos.

"Que bom que hoje você está chegando à escola na minha frente", disse a vovó Harris a Allison quando viu que ela andava para a pré-escola mais rápido do que o normal. Quando Allison desacelerou para o passo habitual, à medida que chegavam perto da escola, a avó decidiu incentivá-la, em vez de reclamar da sua lentidão. "Se você tiver corrido até o portão da escola quando eu contar até cinco, vou te dar aquele pente que você viu na minha bolsa." Allison correu como se nunca tivesse embromado na vida.

A vovó Harris cumpriu a promessa do pente e viu por si própria o impacto positivo que as gratificações tinham sobre a obediência de sua neta. Allison ainda precisava ser agraciada com presentes para se vestir no tempo estipulado pela avó, mas pouco a pouco esta voltou a gostar de ficar com a neta, sentindo mais controle sobre as atividades a realizar.

A CRIANÇA QUER MAIS LIBERDADE

Entretidas em abrir caminho pelo mundo, as crianças pré-escolares às vezes precisam ser refreadas, porque não têm a autossuficiência, a independência e o autocontrole que imaginam ter. Conforme seu filho de 1 ano cresce, seu "cordão umbilical" estende-se para acomodar a liberdade dele. Mas deixe-o ir só até onde você sabe que é seguro. Conheça os limites de seu filho testando sua maturidade e responsabilidade antes de cometer o erro de lhe dar um grau de liberdade maior do que ele possa administrar em segurança. Permita-lhe liberdades proporcionais à sua capacidade e conceda-lhe oportunidades frequentes de reforçar a sua crença de que ele é maduro o suficiente para lidar com toda a liberdade que tem.

COMO PREVENIR O PROBLEMA

Estabeleça limites e comunique-os claramente

É só quando seu filho conhecer os próprios limites que você poderá exigir que ele faça o que você quer. Deve-se dizer até mesmo à criança de 1 ano o que está "dentro da lei" para evitar tantas ações "fora da lei" quanto possível.

Informe a seu filho quando ele pode cruzar uma fronteira

Diminua a atração por certos "nãos" mostrando e dizendo ao seu jovem aventureiro como fazer o que quer sem se meter em encrenca. Diga, por exemplo: "Você pode atravessar a rua, mas precisa me dar a mão."

Permita tanta liberdade quanto seu filho demonstrar que consegue administrar

Se seu filho demonstra ser responsável dentro dos limites, estenda-os um pouco. Informe a ele por que mudaram, deixando-o feliz com a própria capacidade de aderir às regras e a responsabilidade que lhe rende mais liberdade. Diga: "Como você sempre me avisa antes de ir à casa do seu amigo aqui ao lado, agora também vai poder ir até o fim da rua. Sempre me peça antes de ir, claro."

COMO SOLUCIONAR O PROBLEMA

O que fazer

Recompense seu filho por ter respeitado os limites

Incentive seu filho a continuar respeitando os limites recompensando-o por isso. Diga: "Fiquei contente por você ter continuado no balanço em vez de ir à casa do vizinho. Agora vai poder brincar no balanço mais um pouquinho."

Estipule consequências para o desrespeito aos limites

Ensine a seu filho que, se ele desrespeitar seus limites, você terá de pôr fim à diversão dele. Diga: "Que pena que você saiu para fora. Agora vai ter que ficar dentro de casa" ou "Que pena que você atravessou a rua. Agora vai ter que ficar só no quintal dos fundos".

Seja coerente

Não deixe de aplicar as punições toda vez que seu filho violar uma regra. Isso o faz perceber que você fala a sério. Também faz que ele se sinta mais seguro quanto às próprias atitudes quando está longe de você, porque saberá exatamente o que você espera que ele faça.

O que não fazer

Não bata em seu filho por ter ido para a rua

Os tapas incentivam seu filho a fazer escondido o ato que gerou o castigo. As crianças que saem para a rua sem avisar obviamente correm grandes riscos, portanto não piore o problema fazendo-as desobedecer às escondidas.

Ashley por conta própria

Aos 5 anos, Ashley Hamilton era a garotinha mais popular da rua Doze, o que também tornava seu comportamento a maior dor de cabeça para a família Hamilton. Certo dia, no café da manhã, Ashley disse à mãe: "Hoje vou a pé para a escola com a Susie, depois do almoço vou para a casa da Donna e depois vou brincar de boneca com a Maria." Quando a mãe disse a Ashley que ela não podia ir a qualquer lugar que bem entendesse nem estabelecer seus próprios horários, a menina retrucou: "Por quê? Por que não? Eu vou mesmo assim! Vocês não podem me proibir!"

Esse tipo de resposta rebelde gerou acirradas trocas de ofensas entre Ashley e os pais, que não conseguiam decidir quando dar ou não liberdade para proteger o seu "bebê" dos perigos que ainda não tinha idade para enfrentar. Como Ashley estava sempre recebendo convites, a família Hamilton não podia ignorar o problema de decidir quando e aonde ela podia ir.

Decidiram estipular regras que poderiam mudar, dependendo de até que ponto Ashley conseguisse administrar bem sua liberdade e responsabilidade. A família Hamilton explicou claramente essas regras a Ashley, que ficou radiante ao descobrir como poderia obter mais liberdade.

Uma das coisas que Ashley precisou aprender foi como atravessar a rua. Então, a mãe a levou até a calçada e começou a lhe ensinar as atitudes de quem vai atravessar a rua: parar junto ao meio-fio, olhar para os dois lados – não apenas olhar, mas enxergar. A mãe pediu a Ashley que descrevesse o que via à direita e à esquerda.

Quando a senhora Hamilton viu que não vinha nenhum carro, instruiu a filha a atravessar a rua apenas quando estivesse de mãos dadas com ela. Atravessaram a rua juntas, olhando à direita e à esquerda e descrevendo o que viam. A senhora Hamilton elogiou a filha por ter seguido as instruções direitinho. Depois de dez ensaios, a mãe da garota disse: "Ashley, agora eu quero que você atravesse a rua sozinha."

Quando Ashley demonstrou que sabia seguir as instruções sozinha, a senhora Hamilton anunciou a nova regra: "Você pode atravessar a rua para ir à casa da sua amiga, mas primeiro tem que vir me avisar. Eu venho junto para tomar conta de você."

A senhora Hamilton achou que esse trato lhe daria muito trabalho, mas percebeu que só se sentiria confortável em soltar o "cordão umbilical" se soubesse que sua filha poderia administrar bem as responsabilidades que a liberdade acarretava. Estipular e praticar as condições da liberdade permitiu que todos se sentissem seguros, protegidos e satisfeitos com os limites e as expectativas.

A CRIANÇA QUER FAZER TUDO SOZINHA

"*Deixa eu* fazer!" é uma das frases que os pais podem esperar com certeza a partir do segundo aniversário do filho. Essa declaração de independência oferece uma oportunidade de ouro para os pais deixarem o pequeno faz-tudo aperfeiçoar suas habilidades, desde que as regras da casa não sejam desrespeitadas. Os pais devem ter em mente seu objetivo mais importante: formar filhos autoconfiantes e autossuficientes. Portanto, ajunte uma boa dose de paciência quando for lidar com os deslizes de seu filho e procure o equilíbrio entre permitir as coisas e a importância de ensinar a seu filho pequeno habilidades úteis para a vida.

COMO PREVENIR O PROBLEMA

Não presuma que seu filho não sabe fazer alguma coisa

Fique atento para as mudanças constantes no nível de habilidades de seu filho. Procure sempre lhe dar uma chance de tentar alguma coisa antes de fazê-la por ele, de modo que você nunca subestime sua capacidade atual.

Compre roupas com as quais seu filho consiga lidar

Compre roupas fáceis de vestir e de tirar para seu filho que está aprendendo a usar o troninho, por exemplo. Compre camisas que saiam pela cabeça e não fiquem presas nos ombros quando ele se vestir.

Mantenha as roupas em compartimentos coordenados e acessíveis

Organize as roupas a fim de treinar o olhar de seu filho para saber combiná-las. Deixe-as acessíveis, colocando-as em cestos ou gavetas que ele possa alcançar facilmente.

Evite frustrações

Tente facilitar o mais possível os afazeres para seu filho. Abra os fechos das calças ou encaixe o zíper do casaco dele, por exemplo, antes de deixá-lo terminar de se vestir ou despir.

COMO SOLUCIONAR O PROBLEMA

O que fazer

Brinque de "corrida contra o tempo"

Diga a seu filho quanto tempo vocês têm para determinada atividade, para que ele não ache que é por incompetência dele que você acaba assumindo o comando. Ajuste um cronômetro para o tempo em que você quer ver a tarefa concluída e diga: "Vamos ver se conseguimos nos vestir antes de o alarme tocar." Isso desenvolve o senso de pontualidade de seu filho e reduz a disputa pelo poder entre vocês, já que não é você quem define o prazo, e sim o relógio. Se você estiver com pressa e precisar terminar algo que seu filho começou, explique a situação antes de assumir o comando, para evitar que seu filho pense que foi por incompetência dele.

Sugira cooperação e colaboração

Como seu filho não entende por que não pode fazer determinada coisa e não percebe que com o tempo poderá fazê-la, sugira um trabalho em equipe. Por exemplo, ao amarrar os cadarços de uma criança de 1 ano, diga: "Por que não segura a meia enquanto ponho o tênis no seu pé?" Sempre que puder, deixe seu filho realizar parte da tarefa em vez de ficar só olhando e se sentindo inútil.

Valorize o esforço

Como primeiro e principal professor de seu filho, você pode incentivá-lo a tentar realizar diferentes tarefas. Ensine-lhe a máxima de que "a prática leva à perfeição" dizendo, por exemplo: "Gostei de ver você tentar fazer uma trança. Foi uma bela tentativa. Pode tentar de novo depois", ou elogie a tentativa de seu filho de colocar os sapatos, mesmo que ele não consiga fazê-lo direito.

Permaneça o mais calmo e paciente possível

Se seu filho quer fazer tudo ("*Deixa eu* colocar meu *short*", "*Deixa eu* abrir a porta", "*Deixa eu* fechar a gaveta"), lembre-se de que ele está afirmando sua independência, não sua obstinação. Como você quer que ele aprenda a fazer as coisas sozinho, deixe-o tentar. Evite se irritar quando as coisas não saírem com a rapidez que você deseja ou exatamente do jeito que você espera. Em vez disso, mostre-se satisfeito com o fato de seu filho estar dando o primeiro passo em direção à autossuficiência e orgulhe-se dele por ter tomado essa iniciativa.

Permita a máxima independência que ele puder administrar

Deixe que seu filho faça o maior número possível de coisas sozinho, para que a frustração não tome o lugar de sua curiosidade inata. Enquanto você calça o sapato dele, por exemplo, não insista em deixar o outro sapato afastado dos dedinhos inquietos dele se ele quiser segurá-lo. Ele pode dá-lo a você quando o outro já estiver calçado.

Peça – não exija – que seu filho faça as coisas

Para incentivar seu filho pequeno a pedir as coisas com educação, mostre-lhe como se faz isso. Diga-lhe: "Quando você me pedir com educação, vou deixar você fazer tal coisas." Então, explique o que significa *com educação*. Ensine seu filho, por exemplo, a pedir: "Me passe o garfo, por favor?" sempre que quiser um garfo.

O que não fazer

Não castigue seu filho pelos deslizes dele

Seu filho está fadado a cometer alguns deslizes nesse processo, portanto tenha paciência. Caso ele tente se servir do leite sozinho e o derrame sem querer, ajude-o a fazê-lo com mais cuidado da próxima vez. Não espere que tudo dê certo logo nas primeiras tentativas.

Não critique os esforços de seu filho

Evite chamar a atenção para os erros de seu filho. Se ele calçar a meia do avesso, simplesmente diga: "Vamos calçar a meia do lado certo?"

Não se sinta rejeitado

Não fique magoado se seu filho não quiser sua ajuda. Ele está tentando fazer as coisas sozinho, e a sua ajuda pode ser percebida como um obstáculo. Se ele disser "*Deixa eu* abrir a porta", permita que ele faça isso. Ele sabe que você consegue fazer as coisas com mais rapidez e com menos esforço, mas quer e precisa desenvolver suas habilidades. Valorize o esforço dele em procurar fazer as coisas sozinho.

Jasmine, a independente

Durante os três primeiros anos de vida de Jasmine Manning, sua mãe fazia tudo por ela. Agora a "Senhorita Independência" queria que sua mãe não fizesse nada por ela, uma virada de personalidade que confundia e frustrava a senhora Manning. "Não aguento esperar por você, Jasmine!", dizia a senhora Manning quando estavam atrasadas para a escola e Jasmine insistia em vestir o casaco sozinha. "Você ainda não tem idade para fazer isso sozinha."

As ondas de exigências e de desobediências começaram a diminuir quando a senhora Manning percebeu que o problema estava fazendo que não gostasse de Jasmine e de seu desejo de fazer tudo sozinha. Certo dia, quando Jasmine estava se vestindo para sair, a senhora Manning percebeu que ela colocou seu casa-

co perfeitamente na primeira vez. "Você vestiu direitinho o casaco", disse a senhora Manning. "Você está mesmo correndo para chegar à escola a tempo! Estou tão orgulhosa!" Jasmine deixou sua mãe terminar de fechar o zíper sem oferecer resistência, o que não acontecia havia semanas.

No caminho da escola, a senhora Manning percebeu que sua filha estava ficando independente. A professora de Jasmine também notou que ela se oferecia para responder a perguntas e para "ser a ajudante" sem que lhe fosse pedido. A senhora Manning decidiu tentar se adaptar ao enorme anseio de Jasmine por independência.

No dia seguinte, Jasmine quis pôr a mesa sozinha, como sempre. Em vez de lhe dizer que ela não conseguiria fazer isso, a senhora Manning tentou incentivar a independência da filha e ao mesmo tempo adiantar seu próprio lado: arrumar a mesa em pouco tempo. Anunciou: "Jasmine, você pode pôr a mesa sozinha até o alarme tocar. Quando ele tocar, é hora de eu ajudá-la."

Jasmine não queria ser ajudada pela mãe, mas adorou a ideia de vencer o cronômetro. Ficou superorgulhosa de si mesma ao concluir a tarefa antes que ele tocasse. A mãe de Jasmine também ficou orgulhosa. "Adorei ver você pôr a mesa sozinha", observou, enquanto passava discretamente as colheres para o lugar certo, nas laterais, e não dentro dos pratos.

A senhora Manning continuou elogiando a busca de independência da filha. Ela também facilitou ao máximo a conclusão dos afazeres de Jasmine, e elas começaram a trabalhar juntas para terminar alguns afazeres quando era necessário.

A CRIANÇA DESTRÓI AS COISAS

A fronteira entre brincadeiras destrutivas e criativas não ficará clara para o pré-escolar até que os pais a gravem em pedra. Assim, antes do primeiro aniversário de seu filho, marque essa fronteira dizendo (e mostrando) a ele o que pode ou não pode ser pintado, rasgado ou desmontado. Isso evitará que seu futuro artista estrague sem querer os próprios pertences ou os dos outros. Persista em ensinar seu filho a ter orgulho e cuidar de suas coisas e a deixar sua criatividade fluir adequadamente em meios como papel sulfite (e não a parede) ou telefones de brinquedo desmontáveis (e não o telefone de verdade).

COMO PREVENIR O PROBLEMA

Forneça brinquedos resistentes que possam ser manipulados sem serem destruídos

É natural para os pré-escolares tentar desmontar e remontar brinquedos que são feitos para isso (bem como alguns que não são). Para estimular o tipo de brincadeira criativa que você prefere ver, coloque no quarto de seu filho brinquedos que ele possa *usar* para alguma coisa (como blocos de montar, jogos de apertar botões etc.) em vez de brinquedos inertes (como bichos de pelúcia).

Ofereça vários objetos que possam ser estragados e destruídos

Arranje roupas velhas e materiais para papel-machê, bonecas de papel, pintura e outras atividades. Assim seu filho pré-escolar não vai usar artigos novos ou valiosos para suas brincadeiras.

Comunique regras específicas para cuidar dos brinquedos e brincar com eles

A criança pequena não nasce sabendo o valor dos objetos ou como brincar direito com eles; portanto ensine a ela, por exemplo, a usar giz de cera em livrinhos de colorir, e nunca em jornais ou livros. Diga: "Seu livrinho de colorir é a única coisa que você pode pintar com o giz de cera. Você não pode usá-los em nenhum outro lugar." Em relação a outros comportamentos destrutivos, diga: "Livros não são para rasgar. Se está com vontade de rasgar, peça que eu lhe dou outra coisa." Ou: "Você não pode cortar nem comer essa maçã de cera como faz com a de verdade. Se quiser comer maçã, peça que eu lhe dou uma."

Supervisione as brincadeiras de seu filho e seja coerente

Não confunda seu filho. Não permita a ele testar incessantes vezes os "limites da legalidade" deixando-o destruir o que não deve. Ele não saberá o que esperar e não entenderá por que você está acabando com a diversão dele quando o repreender com um "não pode" que já foi "pode".

Recorde-lhe o que é cuidar

Aumente suas chances de reduzir a destruição ao mínimo elogiando seu filho quando ele estiver cuidando muito bem dos brinquedos. Isso fará que ele se lembre das regras, se sinta bem consigo próprio e se orgulhe do que é dele.

COMO SOLUCIONAR O PROBLEMA

O que fazer

Corrija a sujeira além do necessário

Se seu filho tem mais de 2 anos, ensine-o a cuidar das coisas dele obrigando-o a ajudar a limpar as sujeiras que fizer. Por exemplo, se ele escrever na parede, não só deverá limpar o que escreveu como todas as paredes do cômodo. Essa supercorreção do problema produzirá nele um senso de responsabilidade e cuidado com as coisas. (Além de ensiná-lo a limpar paredes!)

Repreenda com explicações

Se seu filho tiver mais de 2 anos, repreenda-o brevemente (diga-lhe o que fez de errado, por que estava errado e o que deveria ter feito no lugar do que fez) para ajudá-lo a entender por que você acabou com sua diversão.

Coloque seu filho no "tempo para pensar"

Se você já repreendeu seu filho e ele voltou a destruir coisas, repita a repreensão e coloque-o no "tempo para pensar".

O que não fazer

Não exagere na reação

Se seu filho quebrar alguma coisa, não perca a calma. Sua raiva transmite a ideia de que você se importa mais com seus bens materiais do que com seu filho. Avalie bem se o seu grau de decepção diante de algo destruído não é desproporcional ao que aconteceu.

Não exagere no castigo

Só porque seu filho danificou algo que você considerava valioso, você não tem permissão de infligir dano a ele. Em vez de "jogar seu filho na cadeia", coloque o objeto valioso fora do alcance dele até que tenha idade para entender o seu valor.

Tim, o Terrível

Walt e Becky Brady sabiam que seu filho de 3 anos era um destruidor muito antes de a professora do pré-escolar chamá-los para conversar. Poderiam passar horas contando a ela histórias como a do giz de cera roxo no papel de parede amarelo da sala de jantar ou a dos mosaicos feitos com as páginas dos livros de capa dura.

Quando a família Brady chegou em casa depois da conversa, a babá disse que Tim havia desenhado no chão de azulejos com giz de cera. "Quando você vai parar de destruir tudo, Tim?", gritou o senhor Brady, batendo no filho e mandando-o para o quarto. Pouco depois os pais descobriram que Tim havia rasgado três dos seus livrinhos de histórias enquanto estava no quarto.

A família Brady decidiu mudar a abordagem. Em vez de ameaçar ou bater em Tim, resolveram obrigá-lo a consertar o que destruía. Na outra vez em que flagraram Tim rasgando páginas de um livro, disseram: "Agora vai ter de consertar esse livro, Tim." Levaram-no pela mão até a gaveta da fita adesiva e ajudaram-no a cortar o tamanho de fita certo para remendar o livro.

Tim não só teve de consertar livros, como também limpar paredes, raspar giz dos azulejos e remendar cartões que havia rasgado. Algo interessante aconteceu: ele raramente repetia um estrago depois de ter feito o conserto.

Cada vez que algo aparecia estragado, o pai e a mãe de Tim explicavam o que ele podia rasgar e o que não podia. Os pais também incentivaram Tim a se responsabilizar ao máximo pelos seus pertences, assim como eles faziam com os seus. Pouco a pouco Tim começou a assumir essa responsabilidade. Ele se enchia de orgulho quando seus pais o elogiavam por cuidar de seus livros, brinquedos e bichos de pelúcia com responsabilidade, e corria para se corrigir quando recaía nos velhos hábitos destrutivos.

O comportamento de Tim foi ficando menos destrutivo, mas seus pais não esperavam que ele cuidasse dos brinquedos dele tão bem quanto eles cuidavam dos seus "brinquedos de adulto". Apenas buscavam servir de exemplo de bom comportamento para que Tim visse que praticavam o que pregavam sobre cuidar bem dos pertences.

A CRIANÇA NÃO QUER TOMAR BANHO

De xampu que não arde nos olhos a fraldas descartáveis, são muitos os produtos para facilitar o máximo possível a hora de tomar banho, trocar as fraldas, lavar o cabelo etc. É de esperar, e pode-se mesmo ter como certo que (como bem sabem esses fabricantes) as crianças pequenas não apreciam as rotinas de higiene pessoal. Portanto, não se sinta só ao tentar ensaboar e enxaguar. Procure tornar a higiene menos cansativa distraindo seu filho (cantando, contando histórias) e elogiando qualquer cooperação da parte dele (até mesmo passar o sabonete para você).

Observação: Faça uma distinção entre produtos que irritam seu filho fisicamente (fazem seus olhos arderem) e mentalmente (todos os sabonetes são indesejáveis), avaliando com cuidado os protestos dele. A maioria dos pais consegue saber a diferença entre os gritos de mal-estar e aqueles motivados por raiva, frustração ou desejo de atenção. Os gritos de mal-estar não mudam de tom nem de duração quando os pais ou outra distração se intrometem. Os demais gritos costumam ser emissões curtas entrecortadas por pausas durante as quais a criança procura escutar a reação dos pais ou responsáveis. Caso necessário, troque os produtos que irritam seu filho fisicamente por produtos recomendados por profissionais.

COMO PREVENIR O PROBLEMA

Entre em acordo sobre horas e locais para a realização da higiene

Tente entrar em acordo com seu filho quanto a questões do tipo onde trocar a fralda (no sofá, de pé) ou quando lavar o cabelo. Seja flexível para que ele não deixe de fazer sua atividade preferida só para lavar o cabelo, nem deixe de assistir a um programa de que gosta só para trocar a fralda.

Envolva seu filho nos procedimentos

Incentive seu filho a participar da higiene ou da troca de fraldas. Peça-lhe que traga coisas que possa carregar (segundo sua idade, habilidade e capacidade de seguir instruções). Deixe-o escolher um brinquedo ou uma toalha de sua preferência, por exemplo, para lhe dar uma sensação de controle sobre o banho.

Prepare seu filho para a hora da higiene

Por exemplo, avise seu filho que a hora do banho se aproxima, para tornar a transição da brincadeira para o banho menos abrupta. Diga: "Quando tocar o alarme, vai ser hora de entrar no banho" ou "Daqui a alguns minutos, vamos trocar a sua fralda" ou "Quando terminarmos este livro, vai ser hora do banho".

Reúna os apetrechos antes de começar

Se seu filho é pequeno demais para ajudá-lo a se preparar, certifique-se de que tem tudo de que precisa antes de começar a higienização. Isso ajuda a evitar atrasos desnecessários e minimiza as frustrações de ambas as partes.

Assuma uma postura positiva

Seu filho vai perceber um tom de medo em sua voz se você anunciar a hora do banho como uma condenação. Se você parecer preocupado ou nervoso, estará transmitindo a ele que o banho é tão horrível quanto ele pensa. Sua postura pode contagiá-lo, portanto trate de assumir uma postura que você quer que seja imitada.

COMO SOLUCIONAR O PROBLEMA

O que fazer

Mantenha a calma e ignore a algazarra

A tranquilidade ajuda a lidar com seu filho agitado. Se você não prestar atenção à gritaria, ele aprenderá que seus protestos não têm poder sobre você, que é o que ele pretende ao resistir à higiene. Diga a si próprio: "Sei que preciso trocar a fralda do meu filho. Se eu não prestar atenção à gritaria dele, vou terminar mais rápida e eficientemente."

Divirta-se com as etapas do processo

Distraia seu filho conversando, brincando, recitando versinhos infantis ou cantando. Diga: "Vamos cantar 'Atirei o pau no gato'" ou "Aposto que você não consegue pegar o barquinho e fazê-lo afundar". Atue sozinho se seu filho for muito novo para participar verbalmente.

Incentive seu filho a ajudar e encha-o de elogios

Peça a seu filho que lave a própria barriga, passe o sabão ou abra a fralda (se houver tempo hábil) para lhe dar uma sensação de controle e participação em sua higiene pessoal. O menor sinal de cooperação deve ser elogiado. Empenhe-se em fazer isso. Quanto mais seu filho obtiver atenção por se portar como você quer, mais repetirá o que fez para receber seu carinho. Diga: "Gostei de ver você espalhando o xampu no cabelo" ou "Estou gostando de ver você sentado retinho na banheira" ou "Obrigado por ter ficado deitado enquanto eu trocava a sua fralda".

Use a "regra da vovó"

Informe a seu filho que, quando ele fizer algo que você quer (tomar banho), poderá fazer algo que quiser (ler uma historinha). Diga: "Depois do banho, vamos ler uma historinha" ou "Quando tivermos terminado, aí você vai poder brincar".

Persista na tarefa que está realizando

Mesmo com chutes, gritos e choro, seja decidido e termine a higiene da criança. Quanto mais ela perceber que gritar não vai impedi-lo de limpá-la, mais vai entender que você vai terminar a limpeza mais rápido se ela não resistir.

Elogie seu filho ao terminar

Diga a seu filho como ele está limpinho e cheiroso. Peça-lhe que se olhe no espelho. Isso vai lembrá-lo por que precisa de um banho ou de uma troca de fraldas. Aprender a ter orgulho da própria aparência o ajudará a priorizar a higiene pessoal.

O que não fazer

Não exija colaboração

Só porque você exige que seu filho troque a fralda não quer dizer que ele deva ficar parado enquanto você o faz. Atitudes duras e hostis só ensinam seu filho a também ser duro e hostil.

Não faça da higiene um sofrimento

Procure tornar a higiene o mais confortável possível para seu filho. Arranje toalhas para ele limpar os olhos, deixe a temperatura da água agradável, envolva-o em um roupão depois de terminado o banho, e assim por diante.

Não evite a higiene

Só porque seu filho oferece resistência não quer dizer que você deve recuar. A resistência à higiene pode ser superada com persistência, prática e paciência.

Diversão no mar

Carol e Phil Porter davam banho em sua filha de 2 anos, Lauren, do jeito que achavam que a maioria dos pais fazia. Mas temiam haver algum problema com Lauren, pois ela gritava e esperneava durante as práticas de higiene cotidianas. A família Porter nunca havia tido esse problema com a outra filha, Elizabeth, e nenhum de seus amigos reclamava disso.

A família Porter conversou com o pediatra, que garantiu que os sabonetes, a água e as toalhas utilizados não eram preju-

diciais nem irritavam a criança. O senhor Porter achava necessário aplicar uma disciplina mais rígida, mas acabaram concordando que a melhor abordagem era tornar a higiene mais atrativa para Lauren. A única atividade com água que Lauren apreciava era nadar no oceano Pacífico nas férias. Então a família Porter resolveu chamar a hora do banho de "diversão no mar".

Naquela noite, eles acertaram um cronômetro para tocar quando fosse hora de entrar no "mar". Nas viagens à Califórnia, sempre acertavam um relógio para avisar a hora de entrar no mar de verdade, porque Lauren estava sempre implorando para entrar na água. Esperavam que a técnica fosse adiantar também em Mineápolis, onde moravam. "Quando o alarme tocar, vai ser hora de brincar de diversão no mar", disse a senhora Porter a Lauren. "Vamos terminar de ler este livro enquanto esperamos."

Quando o alarme tocou, Lauren e a mãe pegaram sabão e toalha, e Lauren fez mil perguntas sobre a nova brincadeira, toda empolgada. Lauren sorriu, encantada, quando sua mãe a levou ao banheiro, onde encontrou o "mar" mais azul que já havia visto (produzido com espuma para banho azul) e lindos barquinhos navegando em torno de um navio que transportava a caixinha do sabonete (brinquedos que a senhora Porter comprara para incrementar a atividade).

Lauren pulou dentro da água sem ser obrigada ou convidada e começou a brincar com os brinquedos "marítimos". A mãe começou a cantar uma canção sobre um barquinho e deu xampu a Lauren para ela lavar o próprio cabelo pela primeira vez. O banho prosseguiu sem choradeira – embora espalhando um tantinho demais de água. A senhora Porter começou a dar "banho de mar" em Lauren pelo menos uma vez ao dia, para que ela pudesse aprender a espalhar menos água, se lavar com mais esmero e gostar da atividade.

A CRIANÇA MEXE EM TUDO

Mal completa o primeiro ano de idade, a criança sente, da cabeça aos pés, a alegria de explorar os ambientes. Ela não sabe, sem ser ensinada, o que é proibido e o que é permitido, mas a partir de 2 anos consegue fazer a distinção, uma vez que você tenha ensinado. Ao restringir as aventuras dos pequenos exploradores, tenha em mente o equilíbrio que você está tentando estabelecer entre a expressão normal e saudável da curiosidade e o ensino de qual comportamento é ou não adequado.

COMO PREVENIR O PROBLEMA

Torne sua casa ou apartamento à prova de perigos

Mantenha as portas fechadas, as escadarias bloqueadas, os armários trancados e as áreas perigosas cercadas para diminuir o número de vezes que você precisa dizer não a seu filho. As crianças com menos de 3 anos estão estabelecendo sua independência e deixando sua marca no mundo, e não conseguem entender por que não podem ir a todos os lugares. Criar limites físicos ajudará você a evitar confrontos desnecessários.

(Ver o Apêndice I.)

Estabeleça o que é proibido

Estabeleça quais serão os limites de seu filho e comunique essa informação antecipada e frequentemente. Diga, por exemplo: "Você pode brincar na sala e na cozinha, mas no escritório do papai, não."

Mantenha fora de alcance os objetos de valor que não quiser ver quebrados

Uma criança de 1, 2 ou 3 anos não vai entender a diferença entre um vaso caro e um de plástico. Pelo sim, pelo não, retire de cena os objetos de valor até que seu filho pequeno pare de mexer em tudo mesmo tendo recebido ordens para não fazê-lo.

Ensine a seu filho como e quando ele pode entrar em áreas proibidas

Explique a seu filho as formas toleráveis de brincar em áreas proibidas. Se você nunca permitir que ele entre em um quarto ou atravesse a rua, por exemplo, isso o deixará ainda com mais vontade de fazê-lo. Diga-lhe: "Você pode entrar no escritório da mamãe, mas só com a mamãe ou com outro adulto."

COMO SOLUCIONAR O PROBLEMA

O que fazer

Repreenda

Repreenda seu filho persistentemente por uma transgressão repetida, para lhe ensinar que você está falando sério. Diga: "Pare de entrar nesse quarto! Que pena que você resolveu brincar aí. Você sabe que é proibido. Quero que sempre peça à mamãe que acompanhe você se quiser entrar nesse quarto."

Coloque seu filho no "tempo para pensar"

Se seu filho subir na mesa da cozinha repetidamente (e se isso for proibido), repreenda-o e coloque-o no tempo para pensar para reforçar a mensagem.

Elogie seu filho quando ele seguir as regras

Diga quanto está orgulhoso de seu filho por ele lembrar de não fazer determinadas coisas. Elogiando-o, você gratifica seu bom comportamento com atenção, o que vai estimulá-lo a fazer o certo de novo. Diga: "Que bom que está brincando onde é para brincar" ou "Obrigado por não subir na mesa de centro".

Ensine seu filho a ver com os olhos, não com as mãos

Diga a seu filho que ele pode ver uma joia, por exemplo, com os olhos, mas não com as mãos. Isso lhe permite a liberdade para estudar o objeto de forma limitada e controlada.

O que não fazer

Não deixe armas e facas ao alcance das crianças

Por mais que as crianças sejam treinadas com relação à segurança, o fascínio das armas é grande demais para elas resistirem. Se houver armas em sua casa, mantenha-as trancadas e travadas com travas de boa qualidade e tranque a munição em um local separado e inacessível às crianças. Mantenha também *todas* as facas guardadas em um local à prova de crianças. É sempre melhor prevenir do que remediar.

Não torne o proibido mais atraente demonstrando irritação

Se você se zangar quando seu filho desrespeitar uma regra, ele perceberá que obtém sua atenção ao se comportar mal e terá vontade de se meter em encrencas mais vezes.

Não castigue além da conta

Em vez de castigar seu filho por ser naturalmente curioso e querer mexer em tudo, ensine-o a usar sua curiosidade de forma segura – um aprendizado que lhe será útil pelo resto da vida. Em vez de procurar suprimir a conduta inadequada, destaque aquela que é positiva.

"Não mexa!"

"A curiosidade matou o gato" era a frase que a senhora Stein lembrava que sua mãe falava quando ela subia em balcões proibidos quando era pequena. Agora ela flagrava seu filho de quinze meses, Sam, explorando abajures e plantas proibidos para ele. Ela sabia que não era por maldade que ele se comportava mal; era um comportamento normal para uma criança. Mas a senhora Stein não achava que suas próprias reações à curiosidade dele pareciam normais nem que demonstravam muita

autodisciplina. "Não! Não mexa!", gritava ela, dando um tapa na mão do filho ou batendo nele sempre que mexia no que sabia não ser permitido.

A senhora Stein acabou percebendo que Sam só estava aprendendo a evitar o castigo por ter sido pego – cometendo seus "crimes" pelas costas dela. Então decidiu trancar as coisas em que não queria que ele mexesse, colocar artigos frágeis fora de alcance e ficar de olho nele o maior tempo possível.

"Veja com os olhos, não com as mãos", disse-lhe ela em uma manhã especialmente ativa, quando ele começara a despejar o conteúdo de uma caixinha de joias que ela se esquecera de pôr na prateleira mais alta. Ela tomou a caixa dele e o levou para a cozinha, onde ambos se divertiram tirando as panelas e recipientes do armário. Também brincaram com a caixinha com fechadura e chave e outros brinquedos estimulantes para a imaginação e a curiosidade dele – brinquedos adequados à sua idade e às suas tentativas de desmontagem e destruição.

Quando as coisas perigosas e caras ficaram fora do alcance de Sam e foram substituídas por objetos seguros, o lar da família Stein começou a ficar mais agradável. Ainda que a senhora Stein soubesse que teria de continuar monitorando a curiosidade de Sam, ela lhe permitia maiores liberdades, já que a casa estava mais à prova de acidentes.

Certo dia, Sam demonstrou estar aprendendo as regras quando apontou para um saco de farinha em que sabia ser proibido mexer e disse: "Não! É da mamãe! Não mexe!" Para gratificar o bom comportamento dele, a senhora Stein deu-lhe uma caixa lacrada com arroz, com a qual ele adorava brincar de chocalho.

A CRIANÇA SAI DA CAMA À NOITE

Até os 6 anos, é comum que a criança apareça tarde da noite pedindo livros, beijinhos, copos de leite ou subindo na cama dos pais. Lembre-se de que uma boa noite de sono é fundamental para seu filho. Ele só deve estar querendo aqueles dez livros e quatro copos d'água para que você continue por perto, portanto ensine-lhe que dormir trará você de volta mais rápido do que exigir atenção.

Observação: Caso você fique em dúvida se seu filho precisa mesmo de algo ou só quer atenção (se ele ainda não souber falar ou se chorar em vez de pedir alguma coisa), veja o que é. Se estiver tudo certo em termos clínicos, beije-o e abrace-o rapidamente (no máximo trinta segundos) e vá embora. Diga-lhe firme e amorosamente que é hora de dormir, e não de brincar.

COMO EVITAR O PROBLEMA

Não discuta as regras do sono na hora de dormir

Estabeleça quantos copos d'água ou idas ao banheiro seu filho pode pedir na hora de dormir. Transmita-lhe essas regras em um momento neutro, para que ele saiba o que você espera dele na hora de dormir. Diga: "Você pode levar até dois livros para a cama e beber um copo d'água, e vou contar duas historinhas antes de dormir." Caso seu filho goste de ficar na cama com vocês, decida antes se permitirá. Cabe aos pais decidir se querem ou não os filhos com eles na cama.

Prometa recompensas por ele ter seguido as regras

Conscientize seu filho de que respeitar as regras – e não desrespeitá-las – vai render-lhe recompensas. Diga: "Quando você tiver ficado na cama a noite inteira (caso seja esta a sua regra), vai poder escolher sua história preferida para ler de manhã." A gratificação pode ser um café da manhã especial, um passeio no parque, um jogo ou qualquer coisa que você sabe que seu filho adora.

Reforce a ideia de voltar a dormir

Recorde a seu filho as regras da hora de dormir enquanto o põe na cama, para reavivar suas lembranças das últimas conversas que vocês tiveram sobre o assunto.

COMO SOLUCIONAR O PROBLEMA

O que fazer

Faça valer as consequências do desrespeito às regras

Faça do desrespeito às regras um problema grande demais para valer a pena. Por exemplo, se seu filho descumprir as regras pedindo mais de dois copos d'água, vá até a cama dele e diga: "Que pena que você saiu da cama e descumpriu a regra das duas águas. Agora vai ter de ficar de porta fechada, como tínhamos combinado" (se foi isso o que você disse que faria caso ele pedisse um terceiro copo d'água).

Seja firme em matéria de regras

Faça valer as regras toda vez que seu filho as descumprir, para ensinar-lhe que você fala a sério. Por exemplo, quando puser seu filho de volta na cama depois de ele subir na sua cama (descumprindo as regras), diga: "Que pena que você entrou na nossa cama. Lembre que a regra é cada um dormir na própria cama. Eu te amo. Até amanhã."

Dê-lhe as recompensas prometidas

Ensine seu filho a confiar em você sempre cumprindo suas promessas de recompensas por ele ter seguido as regras.

O que não fazer

Não seja negligente na aplicação das regras

Quando você já tiver estabelecido as regras, não as mude sem primeiro ter conversado com seu filho. Toda vez que você deixar de aplicar as regras com coerência, ele vai aprender a continuar tentando até conseguir o que quer, apesar de você ter dito não.

Não desista por causa de choradeira

Se seu filho começar a berrar porque você fez valer uma regra da hora de dormir, lembre-se de que ele está aprendendo uma importante lição de saúde: a noite foi feita para dormir. Anote quanto tempo ele chora a cada noite, acompanhando o seu progresso em minar a resistência dele ao sono. Se você não reagir ao berreiro, o tempo de choro gradualmente diminuirá e acabará por desaparecer.

Não recorra a ameaças nem ao medo

Ameaças do tipo "Se você sair da cama, o bicho-papão vai te pegar" ou "Se você fizer isso de novo, vou lhe dar um corretivo" só pioram o problema. A não ser que você as cumpra, as ameaças são ruídos sem sentido. O medo talvez faça seu filho continuar na cama, mas esse medo pode crescer até que ele passe a ter medo de várias coisas.

Não fale com seu filho de longe

Ameaças e regras gritadas de outro cômodo ensinam seu filho a gritar e dão-lhe a impressão de que você não se importa com ele a ponto de ter uma conversa cara a cara.

Os passeios noturnos de Jennifer

Jennifer Long tinha 2 anos e meio e dormia a noite toda desde os 6 meses de idade. Porém, fazia um mês que ela começara a dormir apenas algumas horas por noite antes de acordar seus pais aos gritos de "Mamãe! Papai!". No começo, os pais de Jennifer corriam para ver o que era. Em uma noite sua filha queria água; na outra, um abraço a mais e, em outras, ir ao banheiro.

Decorridas semanas de interrupções desse gênero, os pais de Jennifer, exaustos, resolveram pôr um ponto final àqueles chamados. "Se você não ficar na cama, vai ter castigo, mocinha", determinaram. Então voltavam para a cama – já ouvindo a filha galgar as escadas até o quarto deles. Tentaram dar umas boas palmadas em Jennifer e mandá-la "voltar para a cama, senão...", mas a mão de ferro deles parecia dar pouco resultado.

Os pais de Jennifer diziam a si próprios que os despertares noturnos de Jennifer eram normais. Todos passavam por períodos de sono leve e profundo. Mas sabiam também que sua filha poderia decidir voltar a dormir em vez de gritar por eles. Também confiavam na própria capacidade de distinguir entre um verdadeiro pedido de socorro (um grito intenso e sem interrupções) e um que apenas procurava chamar a atenção deles (gritos curtos).

Para resolver o problema, eles procuraram dar mais atenção a Jennifer por continuar na cama. "Quando você tiver ficado na cama a noite toda", explicaram-lhe ao levá-la para a cama, na noite seguinte, "vai comer sua comida predileta de manhã no café. Quando você nos chamar de noite, vamos fechar sua porta, você vai ter que continuar na cama e não vai ter surpresa." Procuraram formular a nova regra de forma que sua filha pudesse compreendê-la.

Naquela noite, Jennifer gritou pela mãe: "Quero beber água!" Mas a mãe cumpriu a promessa de fechar a porta do quarto da filha e de não responder aos seus gritos. "Que pena que você resolveu não dormir de novo, Jennifer", disse a senhora Long. "Agora vamos ter de fechar sua porta. Até amanhã."

Após três noites de portas fechadas e sono interrompido para toda a família Long, Jennifer aprendeu que gritar não trazia os pais para perto e que ficar quieta a noite toda na cama fazia as surpresas prometidas aparecerem na mesa do café. Os pais finalmente conseguiram dormir a noite inteira, e Jennifer descobriu que os elogios que recebia deles por ter dormido sem interrupção faziam-na se sentir adulta e importante – uma recompensa a mais.

HIPERATIVIDADE

"O John é hiperativo!" – reclamava a avó depois de cuidar de seu netinho por duas exaustivas horas. "Ele não se senta nem para comer!" A mãe de John já havia ouvido o termo "hiperativo" com referência a seu filho; até ela mesma o havia usado. Mas, quando sua própria mãe começou a reclamar do comportamento de John, ela se perguntou: "Será que a agitação do John é normal para um menino de 2 anos ou será hiperatividade?"

Para receber o diagnóstico clínico de hiperatividade, a criança deve ser irrequieta, sair de onde está sentada, correr ou subir nas coisas sem parar, ter dificuldade para brincar em silêncio, estar sempre fazendo alguma coisa ou falar em excesso. Ela cospe respostas antes do final da pergunta, tem dificuldade em esperar em filas ou respeitar a vez, interrompe e intromete-se na conversa dos outros. Como tais comportamentos com frequência se aplicam ao típico pré-escolar, é muito difícil rotular como hiperativo esse pequeno furacão. Para o diagnóstico correto, devem-se aplicar testes clínicos, mas até mesmo estes podem não ser conclusivos no caso dos pré-escolares. Caso você verifique quatro dos sintomas acima em seu filho diariamente ao longo de pelo menos seis meses, um profissional treinado no diagnóstico da hiperatividade poderá ajudá-lo a identificar a diferença entre uma criança muito agitada e uma hiperativa, e também ajudará você a controlar o comportamento de qualquer uma das duas.

Observação: A hiperatividade faz parte de um distúrbio mais amplo em geral designado como Transtorno de Déficit de Atenção e Hiperatividade (TDAH), que existe em três formas: TDAH, tipo predominantemente desatento; TDAH, tipo predominantemente hiperativo/impulsivo; e TDAH, tipo predominantemente combinado. Todas as formas de TDAH são de difícil diagnóstico porque as crianças começam a escolarização formal por volta dos 5 anos, quando pela primeira vez lhes é solicitado que prestem atenção por períodos mais longos, que estudem sentadas e memorizem conteúdos sobre os quais serão submetidas a testes. (Ver o Apêndice II.)

COMO PREVENIR O PROBLEMA

Sugira atividades calmas

Se seu filho costuma correr em vez de andar e gritar em vez de falar, apresente-lhe atividades calmas para refrear sua velocidade alucinante. Por exemplo, brinque de algo tranquilo com ele, leia para ele ou estabeleça um período em que só se pode andar na ponta dos pés e sussurrar para ensinar-lhe que a placidez e a calma também são ritmos agradáveis.

Fique de olho no seu próprio ritmo

Será que a hiperatividade é hereditária? Pesquisas mostram que, quando um dos pais é diagnosticado como hiperativo, há alta probabilidade de seu filho também sê-lo. Pare e pense na sua vida: você tem o hábito de se sentar? Você fala rápido? Seu ritmo é sempre acelerado? Caso você seja uma pessoa cheia de energia, sempre bem-disposta, cuja "hiperagitação" não interfere em seu sucesso e felicidade, talvez seu filho tenha simplesmente herdado seu temperamento. Como as crianças pequenas gostam muito de imitar, desacelere seu ritmo para mostrar a seu filho pré-escolar como saborear o momento.

Evite programas de TV "hiperagitados"

Se seu filho está sempre em movimento, seu entretenimento não deve ser igual a ele. Programas de televisão frenéticos e desvairados servem de exemplo de comportamentos que você não quer que ele copie. Desligue a TV para eliminar pelo menos uma das fontes de barulho e agitação na casa. Em vez disso, ponha uma música relaxante para tocar e incentive seu filho a ver programas mais calmos.

COMO SOLUCIONAR O PROBLEMA

O que fazer

Pratique a diminuição de ritmo

Dê a seu filho oportunidades para praticar o caminhar – e não correr – do ponto A até o B. Diga: "Mostre-me como se anda da cozinha até a sala. Sei que você vai conseguir. Andar é mais seguro que correr." Vá aumentando o número de caminhadas até o máximo de dez por sessão de treino.

Promova atividades variadas

A criança frenética de nascença borboleteia de atividade em atividade e tem dificuldade em permanecer no mesmo lugar. Ofereça a seu filho agitado um leque de opções, dizendo: "Você pode colorir desenhos, brincar com argila ou com os blocos de montar. Vou pôr o relógio para marcar o tempo e você poderá fazer isso até o alarme tocar. Aí vai poder mudar de brincadeira, se quiser." Oferecer diversas opções satisfaz a necessidade de distração de uma criança sem enlouquecer os pais.

Faça-o praticar exercícios

Seu filho ativo precisa de meios construtivos para dar vazão a sua necessidade de movimento. Deixe-o correr no parque ou no quintal sempre que puder, ou oriente que na pré-escola ou creche ele possa correr por algum tempo. Mesmo que seja uma tentação matriculá-lo na escolinha de esportes do bairro que todos os coleguinhas dele frequentam, cuidado para que a iniciação esportiva de seu pré-escolar não seja prematura demais: isso poderá prejudicar seu desenvolvimento físico ou causar um esgotamento antes dos 10 anos de idade. A criança pequena precisa de liberdade para testar seu motor novo em folha antes de ser encerrada em um ambiente esportivo organizado e competitivo.

Ensine-o a relaxar

Quando seu filho aprender a relaxar o próprio corpo, seu motor vai diminuir de rotação e ele deverá se sentir menos agitado. Ajude-o a evitar a pressão constante para fazer mais e mais depressa, conservando sua voz em um tom suave e tranquilizante, massageando as costas dele e dizendo-lhe como o corpo dele está calmo e tranquilo.

Peça ajuda

Se a "hiperatividade" de seu filho é um risco à saúde dele, afasta os outros e prejudica o aprendizado, consulte um profissional qualificado para determinar a causa dessa agitação acima da média.

O que não fazer

Não castigue

Quando seu filho agitado colidir com seu vaso mais caro sem querer, respire fundo e diga: "Que pena que você resolveu correr em vez de andar. Agora vai ter de treinar como andar pela casa, para eu ver se você sabe como andar. Depois vamos varrer esses cacos." Assim, você cumpre seus objetivos principais: ensinar seu filho a parar de correr e começar a andar, a cuidar bem dos pertences e a se responsabilizar pelos seus atos.

Não deixe seu filho de castigo

Seu filho turbulento precisa de oportunidades diárias de brincar ao ar livre, por isso confiná-lo no interior da casa ou do quarto pode provocar dois problemas: (1) seu excesso de agitação atingirá níveis explosivos e (2) ele só aprenderá a exercer sua agitação dentro de casa, e não fora.

Não deixe tudo por conta dos medicamentos

Deixar tudo por conta dos medicamentos não ensinará seu filho a se controlar. Procure a avaliação criteriosa de um profissional com experiência em crianças muito agitadas antes de decidir quais ferramentas comportamentais e tratamentos médicos serão necessários ao bem-estar de seu filho.

Loucos pelo Ethan

Quando Jane e Russell Anderson compareceram à reunião de pais e mestres no pré-escolar, não foi surpresa nenhuma a observação da "tia" Sharon sobre a agitação de seu filho de 5 anos. "Nem grávida ele me deixava dormir à noite, de tão irrequieto", disse-lhe Jane. "Quando o Russell viaja, deixo o Ethan dormir comigo, e é a mesma coisa. Acabo não dormindo muito porque ele é extremamente inquieto. Ele não anda, corre. É igualzinho ao pai dele." Jane repousou a mão sobre o joelho de Russell, que não parara de se mexer desde que começara a reunião.

"Sim, fui um menino bastante agitado", riu Russell. "Mamãe teve de ir muito à escola para livrar a minha cara, porque eu sempre me metia em encrencas – por ter saído da cadeira, conversado ou feito alguma besteira. Precisei de remédios para me acalmar. Você acha que o Ethan precisa de remédios?"

"Bem, isso ainda não é um problema tão grande na escola, então acho que remédios não são necessários. Mas é bom ficar de olho nele", disse-lhes a professora. "Ano que vem, quando ele estiver no jardim de infância, vocês devem manter contato com a nova professora dele para ver se ele precisa de mais alguma coisa. Enquanto isso, levem esta lista de procedimentos que vocês podem experimentar para acalmá-lo um pouco; também constam nela os melhores lugares para obter uma avaliação completa. Achamos que toda criança deve passar por uma avaliação criteriosa antes de começar a tomar qualquer remédio."

Jane e Russell levaram a lista e começaram a testá-la com Ethan. Várias vezes por dia, promoviam um período de silêncio em que contavam histórias ou relaxavam. No início, Ethan não conseguia ficar parado por mais de cinquenta ou sessenta segundos, mas pouco a pouco começou a sentar por dez minutos de cada vez. Também cortaram boa parte dos programas de TV que Ethan gostava de ver e imitar – de lutas de telecatch *a artes marciais – depois que a "tia" da escola sugeriu que limitassem sua exposição a estímulos frenéticos do gênero. A mãe e o pai de Ethan também criaram uma regra: "Quando você estiver dentro de casa, só poderá andar. Correr, só lá fora." Para lhe ensinar a nova regra, fizeram Ethan trilhar a casa andando. Ethan nunca tinha feito isso.*

"Mas e se eu estiver com pressa? Por que não posso correr se quiser?", resmungou Ethan. Jane sorriu internamente diante da pergunta de Ethan. Lembrara-se de como havia ajudado Russell a andar mais devagar depois que, certa noite, ele derrubara um abajur ao tentar ir à cozinha e voltar antes do fim dos comerciais.

"Porque é contra as regras correr em casa", respondeu ela. "Só se pode correr lá fora, onde tem bastante espaço e você não vai bater nos móveis."

Jane também começou a fazer exercícios simples de relaxamento com Ethan quando chegava a hora de dormir. Fazia massagem nas costas dele dizendo: "Você está calmo e tranquilo. Seus pés estão pesados e relaxados, as pernas, a barriga, as costas, os braços e as mãos, tudo está tranquilo e confortável. Todo o seu corpo está relaxado e quentinho. Sua mente está em paz, e você está confortável e tranquilo. Agora, Ethan, meu amor, pense em como é tranquilo e aconchegante ficar na cama sentindo-se assim, calmo e quietinho."

Ethan foi pouco a pouco se acalmando e se aquietando, tornando-se bem menos agitado. Nem sempre era fácil para ele tranquilizar o seu corpo, mas trabalhar nesse sentido com seus pais e a "tia" ajudou-o na transição para o mundo menos agitado da "escola dos grandes".

INTERAÇÃO COM DESCONHECIDOS

"Não aceite balas de estranhos" é um aviso que milhões de pais de crianças pré-escolares dão aos seus pequenos. O alerta é válido. A criança precisa aprender a se comportar diante de desconhecidos, assim como precisa aprender como interagir com a família, os amigos e os conhecidos. Quando você estiver junto a seu filho, minimize seu medo de desconhecidos ensinando-lhe como ser simpático com quem ele não conhece. Ao mesmo tempo, ensine-lhe o que fazer se for abordado por um estranho quando você não estiver por perto. Você e seu filho se sentirão mais seguros sabendo que ele entenderá o que fazer quando você estiver presente e quando estiver ausente.

COMO PREVENIR O PROBLEMA

Determine as regras

Informe a seu filho suas regras sobre interação com desconhecidos. Uma regra básica pode ser: "Quando eu estiver junto, você pode ser simpático e conversar com estranhos. Mas, quando eu não estiver junto, não converse com eles. Se algum desconhecido pedir a você que vá junto com ele ou tentar lhe dar qualquer coisa, diga 'não', corra para a casa mais próxima e toque a campainha."

Pratique o cumprimento das regras

Finja que você é um desconhecido e peça a seu filho que siga suas regras em relação a desconhecidos. Ensaie várias situações diferentes, certificando-se de que ele sabe como você quer que reaja.

Não assuste seu filho

Incentivar o medo de desconhecidos só gera confusão e não ensina a seu filho o que fazer. Ele precisa saber pensar por si só quando desconhecidos invadirem sua privacidade. O medo destruirá sua capacidade de agir racionalmente.

COMO SOLUCIONAR O PROBLEMA

O que fazer

Relembre a regra a seu filho elogiando seu bom comportamento

Se seu filho cumprimentar um desconhecido quando você estiver por perto, demonstre sua aprovação dizendo: "Que bom que você está sendo simpático. Agora me diga qual é a regra para desconhecidos quando eu não estiver por perto." Então elogie seu filho por ele ter lembrado a regra.

Incentive seu filho a ser simpático

A criança simpática tende a ser mais bem-aceita pelos outros na vida, portanto é importante ensinar a simpatia. Mas também é importante explicar a crianças pequenas ou maiores como ser simpático sem deixar a segurança de lado. Por exemplo, sugerir que seu filho pode cumprimentar estranhos quando estiver com você incentiva-o a ser simpático. Mas proibi-lo de falar o que quer que seja com estranhos quando você não estiver com ele ajuda a protegê-lo.

Estabeleça limites com respeito a desconhecidos

É impossível para seu filho fazer a distinção entre o desconhecido possivelmente perigoso e o inofensivo. É por isso que você tem de estipular uma regra geral sobre como ele pode interagir com estranhos na sua ausência. Explique a seu filho que ser simpático com estranhos, esteja você presente ou não, nunca quer dizer aceitar doces, presentes, caronas ou ajudá-los a encontrar bichinhos perdidos.

O que não fazer

Não estimule o medo de gente

Para ajudar seu filho a evitar o risco de sofrer alguma violência, ensine-lhe suas regras a respeito de desconhecidos. Mas não o ensine a temer as pessoas. O medo só atrapalha as boas decisões, em qualquer idade.

Não se preocupe com o incômodo que seu filho possa provocar aos outros ao demonstrar simpatia

Mesmo que o desconhecido não responda à saudação, seu filho faz bem ao cumprimentar os outros em locais e momentos apropriados.

Zelando pela segurança do Kevin

"Como podemos ensinar nosso filho de 3 anos e meio a ser simpático, mas também a se proteger quando não estivermos por perto?" Era esse o desafio do senhor e da senhora Docking na resolução do problema de Kevin, seu filho extremamente extrovertido. "Qualquer dia, alguém pode se aproveitar dessa simpatia toda", avisavam-no, " por isso não fale com estranhos".

Kevin seguiu a ordem tão estritamente que começou a morrer de medo de desconhecidos e a ter chiliques toda vez que seus pais o levavam ao shopping ou ao supermercado. Ele não queria ver nenhum desconhecido, explicou à sua mãe, pois eles eram tão maus e perigosos que nem cumprimentá-los ele podia.

O senhor e a senhora Docking frustraram-se ao ver suas instruções bem-intencionadas saírem pela culatra. Finalmente percebiam que Kevin não entendia a diferença entre cumprimentar os outros quando os pais estivessem com ele – o que gostariam que fizesse – e cumprimentar, ir junto ou aceitar presentes de pessoas estranhas quando não estivessem com ele – que queriam prevenir quando não estivessem com ele. Kevin não entendera a diferença porque o casal Docking não lhe havia dado oportunidade de entendê-la.

"Os desconhecidos podem lhe fazer mal se você for com eles a algum lugar ou aceitar presentes deles", disse a senhora

Docking ao filho. "A nova regra é que você pode conversar com qualquer pessoa quando eu estiver com você. Mas, se eu não estiver por perto e alguém vier lhe oferecer alguma coisa, ou quiser que você vá a algum lugar com ele, você tem que ignorar essa pessoa e ir até a casa mais próxima ou, se estiver em uma loja, até a moça com uniforme da loja." A família Docking praticou essa regra levando Kevin a um shopping, onde ensaiaram como ele deveria agir, com sua mãe fazendo papel de "desconhecido".

A senhora Docking lembrava ao filho a regra toda semana, até ela se tornar um hábito para ele. Para reforçar a lição, também ensaiava com ele como cumprimentar os outros. Kevin percebeu isso e a elogiou, exatamente como ela o elogiava por ter seguido as regras.

A preocupação da família Docking com a segurança de Kevin nunca desapareceu por completo. De vez em quando faziam Kevin repetir os ensaios de interação com desconhecidos, para se convencerem de que ele compreendia e se recordava daqueles procedimentos que poderiam salvar sua vida.

INTERRUPÇÕES

Como o tesouro mais precioso de uma criança pré-escolar é a atenção dos pais, ela vai fazer tudo para obtê-la novamente quando o telefone, a campainha ou outra pessoa tirá-la dela. Limite os truques de seu filho para ser o centro das atenções dando-lhe brinquedos especialmente reservados para as horas em que você está conversando com a concorrência. Isso o deixará ocupado sem você enquanto você se ocupa sem ele.

COMO EVITAR O PROBLEMA

Limite a extensão de suas conversas

Seu filho tem uma capacidade limitada de adiar a gratificação, portanto limite o tempo das conversas enquanto seu filho estiver por perto, sem nada para fazer e querendo sua atenção.

Brinque de "telefone"

Ensine a seu filho o que você quer dizer com *não me interrompa* praticando com dois telefones de brinquedo, um para você e outro para ele. Diga-lhe: "É assim que eu falo ao telefone, e é assim que você deve brincar enquanto eu estou ao telefone." Então deixe seu filho fingir que está falando ao telefone enquanto você brinca sem interrompê-lo. Isso mostra a ele o que fazer em vez de interromper você.

Arrume atividades para a hora de falar ao telefone

Reúna brinquedos e materiais especiais em uma gaveta próxima ao telefone. (Deixe que as crianças com mais de 2 anos escolham os de sua preferência.) Dê esses brinquedos para seu filho brincar enquanto você estiver ao telefone. Para reduzir ainda mais a probabilidade de interrupções, dê-lhe atenção de tempo em tempo, sorrindo para ele e elogiando-o por estar brincando direito. Alguns materiais exigem supervisão de adultos (tintas de pintura a dedo e de aquarela, massinha, creme de barbear e canetas hidrográficas, por exemplo), então só os deixe ao alcance de seu filho quando puder supervisioná-lo com atenção. Veja se os brinquedos da hora do telefone são condizentes com as habilidades de seu filho, para reduzir a possibilidade de que ele o interrompa para pedir ajuda.

COMO SOLUCIONAR O PROBLEMA

O que fazer

Elogie seu filho quando ele brincar sem interromper você

Se seu filho estiver recebendo atenção (sorrisos, elogios etc.) por estar brincando sem interromper você, será menor a possibilidade de ele querer atravessar a sua conversa. Peça licença e diga a seu filho: "Obrigado por estar brincando quietinho. Eu me orgulho por você saber se divertir sozinho."

Sempre que for possível, inclua seu filho na conversa

Quando receber a visita de amigos, tente incluir seu filho na conversa. Assim será menor o risco de ele interromper vocês querendo atenção.

O que não fazer

Não fique bravo nem grite com seu filho por ele ter interrompido você

Gritar com seu filho por qualquer motivo só o incentiva a gritar também.

Não interrompa ninguém, especialmente seu filho

Mesmo que seu filho seja muito tagarela, mostre-lhe que você cumpre as regras que advoga não o interrompendo quando ele estiver falando.

Use a "regra da vovó"

Use um cronômetro para dizer a seu filho que você logo voltará a ser só dele. Ele pode obter sua atenção e se divertir ao mesmo tempo. Diga-lhe: "Quando você tiver brincado com os brinquedos por dois minutos e o alarme tocar, já não vou estar mais falando ao telefone e vou brincar com você."

Repreenda e use o "tempo para pensar"

Use uma repreensão do tipo: "Pare de me interromper. Não consigo falar com o meu amigo com você interrompendo. Em vez de me interromper, brinque com os carrinhos." Caso seu filho continue a interromper, use o "tempo para pensar" para impedi-lo de obter atenção interrompendo você. Diga: "Que pena que você continua me interrompendo. Tempo para pensar."

"Agora não, Lin!"

Sempre que a senhora Wilkens estava ao telefone, sua filha de 3 anos, Lin, interrompia a conversa pedindo suco de maçã ou brinquedos que estavam "no alto". Além disso, ela perguntava coisas do tipo "Aonde a gente vai hoje?". A senhora Wilkens queria responder e procurava pedir com calma a cada interrupção: "Querida, a mamãe está ao telefone. Não me interrompa, por favor." Mas Lin continuava interrompendo.

Então, um dia, a senhora Wilkens começou a gritar: "Não me interrompa! Menina feia!" Ela também deu uma palmadinha no bumbum da filha para que ela se calasse. A palmada não só não silenciou Lin como também a fez chorar e berrar de raiva tão alto que a mãe não conseguiu mais continuar a conversa. Quanto mais a mãe gritava, mais Lin interrompia – um círculo vicioso que a senhora Wilkens finalmente percebeu e decidiu romper. Agora ela daria atenção à filha por não interrompê-la, em vez de por interrompê-la.

No dia seguinte, uma amiga ligou para a senhora Wilkens para seu bate-papo matinal das segundas-feiras, mas a senhora Wilkens disse-lhe que não podia conversar porque estava brincando com os filhos. Enquanto explicava isso à amiga, percebeu que Lin havia começado a brincar com os brinquedos que sepa-

rara para ela perto do telefone. "Obrigada por não ter me interrompido!", disse a mãe a Lin, dando-lhe um abraço.

Quando desligou, a senhora Wilkens voltou a elogiar Lin: "Obrigada por não ter me interrompido enquanto eu contava à Sally o que vamos ter para jantar hoje. Ela queria a receita do rocambole de carne. Essas canetinhas são para você brincar, se quiser, enquanto eu estiver ao telefone." Os brinquedos tornaram-se mais interessantes que o normal para Lin porque eram chamados de brinquedos "do telefone", com os quais só podia brincar quando a mãe estava ao telefone.

Quando o telefone tocou de novo, Lin e a mãe sorriram de expectativa. "Lin, o telefone está tocando. Vamos brincar com os brinquedos do telefone." Lin correu para pegar as canetas hidrográficas. Enquanto conversava ao telefone, a senhora Wilkens observava Lin com atenção e a incentivava a não interrompê-la dizendo às vezes: "Estou gostando de ver você brincar."

CIÚME

As crianças pequenas pensam que devem receber toda a atenção sempre que querem porque vivem no centro do próprio universo. Esse egocentrismo é a fonte da rivalidade e dos ciúmes entre irmãos. Quando a atenção que requerem não existe por estar sendo concedida a um irmãozinho recém-nascido, a outro irmão ou até a um cônjuge, as crianças pré-escolares transmutam-se em monstrinhos. Tomadas de ciúme, elas amarram a cara, sabotam, berram ou pedem mais atenção batendo nos irmãos, quebrando brinquedos, tendo "ataques", e assim por diante. Justificada ou não, a ciumeira de seu filho pode cortar seu coração. Interprete esse ciúme como uma oportunidade de aprendizado, dando-lhe a atenção de que ele precisa e a oportunidade de ser útil. (Ver "Rivalidade entre irmãos" nas páginas 161-4 para mais informações sobre problemas de ciúme.)

COMO PREVENIR O PROBLEMA

Promova a inclusão de seu filho

Enquanto estiver trocando as fraldas do bebê, por exemplo, aproveite a ajuda de seu filho maior pedindo-lhe que pegue outra fralda, segure a loção ou distraia o bebê. Caso seu filho pré-escolar demonstre ciúme quando você abraçar seu marido, um abraço maior que o inclua poderá deixá-lo contente outra vez.

Elogie a generosidade

Quando seu filho aceitar que sua atenção se volte para outra coisa, elogie a boa vontade dele dizendo: "Que legal da sua parte me dividir com o nenê. Gostei de ver sua generosidade."

Ajude seu filho a se sentir especial

Para manter o monstrinho ciumento a distância, permita ao irmão mais velho abrir os presentes do nenê e mostrá-los a ele. Pedir aos amigos e parentes que tragam presentes para os dois filhos ajuda o mais velho a continuar se sentindo especial.

COMO SOLUCIONAR O PROBLEMA

O que fazer

Demonstre empatia

Quando o ciúme aumentar, diga a seu filho que sabe como ele se sente dizendo: "Eu sei que você não gosta quando tenho de cuidar do neném, mas acho que você aguenta. Enquanto você brinca com seus bloquinhos, eu termino, depois brinco com você."

Ofereça atividades alternativas

Entenda que seu filho sente ciúme porque se sente abandonado quando você e seu cônjuge querem passar algum tempo a sós. Ofereça a ele algo construtivo para fazer até que você possa lhe conceder toda a sua atenção. Diga: "Papai e eu queremos conversar um pouco. Você pode brincar com seus brinquedos até o alarme tocar. Então, se quiser, pode conversar comigo."

Monitore seu tempo

Para a criança, amor significa tempo. Pense em quanto tempo você passa com seu filho todo dia lendo historinhas, respondendo a perguntas, preparando refeições, brincando, e assim por diante. Quando seu filho tem certeza do seu amor, o "ciumômetro" dele fica em baixa, pois ele sabe que é a sua prioridade número um. Diga "eu te amo" a ele várias vezes por dia. Estreite seus laços com todos os seus filhos reservando um tempo especial para brincar com cada um deles, só vocês dois, de modo que cada um se sinta valorizado e importante.

Transforme o ciúme em auxílio

Uma criança pequena quer que o mundo exista só para ela, mas também quer ser independente. Ela precisa aprender que a independência tem um preço: deve abdicar de ser o centro das atenções dos pais para adquirir um senso de controle e autodeterminação. Ao ensinar a criança pequena a ser útil a seus irmãos e aos outros quando ela se sente excluída e com ciúmes, você a ajuda a transformar uma atitude negativa em uma atitude positiva e elogiável. Diga: "Sei que você quer que eu brinque com você agora, mas primeiro preciso levar seu irmão ao futebol. Venha me ajudar a colocar as laranjas na sacola para os meninos comerem depois. Você vai poder comer uma também."

O que não fazer

Não compare seu filho com irmãos ou com outras pessoas

Quando você diz "Queria que você fosse que nem o seu irmão menor, que me ajuda tanto" ou "Por que você não é gentil que nem a sua irmã mais velha?", transmite a seu filho a impressão de que ele está aquém de suas expectativas em relação a ele. Para as crianças, isso se traduz em não ser tão digno de amor quanto os demais familiares, o que é um modo certeiro de cutucar o monstrinho ciumento com vara curta.

Não castigue

Quando seu filho perder a calma por querer toda a sua atenção só para ele, castigá-lo por estar chateado só aumentará sua sensação de exclusão. Em vez disso, mostre-lhe como lidar melhor com o fato de não ter a atenção que quiser na hora em que quiser. Diga: "Que pena que você está tão bravo porque eu não posso brincar agora. Vamos fazer um trato. Vou brincar com o nenê um pouco e, quando o alarme tocar, vou ler para você. Da próxima vez, a gente troca: vou brincar com você primeiro."

Jana ciumenta

Jana Goodman ficou muito empolgada quando soube que ia ganhar um irmãozinho ou irmãzinha. Ela adorava a ideia de ter mais alguém para brincar, que lhe parecia mais um brinquedo novo. Seus pais, Sam e Christine Goodman, estavam certos de que Jana não teria nenhum problema em aceitar o bebê. Mas qual não foi a surpresa deles!

Tudo caminhou muitíssimo bem nos primeiros dias depois da chegada do bebê Jay, porque a avó estava em casa e Jana recebeu muita atenção. Jana disse à mãe e ao pai que achava o bebê esquisito, que às vezes ele tinha cheiro ruim e ela não conseguia brincar com ele como queria. Mas tranquilizou a mãe dizendo: "Mas tudo bem se ele ficar. Vamos continuar com ele mais um tempo."

Mas quando a avó voltou para a casa dela – a centenas de quilômetros dali – Jana percebeu que a mãe teria de passar muito tempo cuidando do bebê e então decidiu que teria de reafirmar seu posto de "criança número um" da casa.

Primeiro, tentou choramingar, mas isso não fazia sua mãe sair de perto do bebê e brincar com ela. Então tentou amarrar a cara, mas ninguém deu atenção a isso também. Então começou a se recusar a fazer o que o pai e a mãe mandavam, como guardar os brinquedos ou escovar os dentes. A mãe ficou exasperada com essa mudança de conduta e disse: "Jana, o que deu em você? Pode tirar um tempo para pensar, mocinha."

Quando Sam voltou para casa à noite e foi informado das malcriações de Jana, sua resposta imediata foi: "Ah, sim, o monstro de olhos verdes veio nos visitar. Sua mãe nos disse que isso poderia acontecer."

Então os pais elaboraram um plano para incluir Jana na criação de Jay. Ela virou ajudante da mãe e passou a ficar a postos para ajudar toda vez que o bebê precisava trocar a fralda ou comer. Ela chegava a segurar o livro para Christine ler historinhas para ela enquanto dava comida ao bebê. Quando a avó os visitou de novo, trouxe uma lembrancinha para Jana e outra para Jay. Jana pôde abrir o presente do bebê para mostrar a ele o que a avó havia trazido. A avó também passou bastante tempo com ela para que a neta não se sentisse tão abandonada enquanto estivesse com o bebê nos braços.

Como por milagre, a ciumenta Jana tornou-se uma criança bem mais afável. O casal Goodman sabia que sua empatia por Jana a havia ajudado a aceitar o novo membro da família e a importante responsabilidade de ser a irmã maior.

MENTIRA

A criança pequena vive em um mundo interessante, onde fantasia e realidade se mesclam. Ela gosta de desenhos animados, de faz de conta, do Papai Noel, de bruxas más, de tapetes voadores, de improvisar teatrinhos, e assim por diante. As histórias que conta podem revelar seus medos ocultos. Por exemplo: "Mamãe, tem um monstro no meu quarto! Vem me salvar!" pode ser o jeito de seu filho lhe dizer que tem medo do escuro. As crianças bem pequenas e os pré-escolares podem ser convencidos de praticamente qualquer coisa. Se quiserem muito acreditar em alguma coisa, saberão se convencer de que existe verdade até na maior das mentiras.

A mentira é sinal de mais um passo em direção à independência, à medida que os passarinhos testam as asas para escapar do controle dos pais. Então o que o pai ou a mãe deve fazer? Seu papel é entender o tipo de mentira e ressaltar para seu filho os benefícios de dizer a verdade. Saber que a verdade é importante para você tornará a honestidade mais importante para seu filho.

COMO PREVENIR O PROBLEMA

Reforce a honestidade

Elogie quando você sabe que está ouvindo a verdade, seja a respeito de bons ou maus acontecimentos. Isso ajuda a criança com menos de 6 anos a começar a entender a diferença entre a verdade e a mentira.

Diga a verdade

Quando seu filho pré-escolar pedir um biscoito antes do jantar, talvez você fique tentado a dizer: "O biscoito acabou", em vez de lhe dizer a verdade: "Não quero que você coma biscoito antes do jantar." Mentindo para seu filho, você passa a ideia de que a mentira é admissível quando ele quiser se safar de algo desagradável. Seu filho sabe onde ficam os biscoitos, então não finja que ele não sabe. Diga: "Sei que você quer biscoito agora; depois que tiver jantado, vai poder pegar um."

Aprenda quais os tipos de mentira

Existem muitos "sabores" diferentes de mentira. O de baunilha é aquele que todos nós conhecemos bem: mentir para se safar de encrencas. "Eu não comi o último biscoito" é um bom exemplo. Um sabor um pouco mais ácido é mentir para deixar de fazer algo que não se quer fazer. Por exemplo, seu filho pode dizer "Já escovei os dentes, mamãe" sem ter feito isso. E há aquela mentira extradoce e superpopular que emerge quando uma criança tenta impressionar a outra com observações do tipo: "Eu tenho *três* cavalos e ando neles todo dia, tá?"

Seja empático

Identifique qual tipo de mentira seu filho está contando e reaja no tom correspondente. Por exemplo, se ele disser que não rabiscou as paredes do quarto com giz de cera e você souber que foi ele, diga-lhe: "Eu sei que você não quer ficar de castigo, mas estou ainda mais desapontado por você ter mentido para mim, em vez de dizer a verdade. Você sempre pode me dizer a verdade para resolvermos o problema juntos." Seu filho vai ficar mais à vontade para encarar o sermão e contar a verdade quando souber que você será sensível aos sentimentos dele.

Procure a honestidade

Procure gente e acontecimentos que demonstrem honestidade e verdade. Chame a atenção de seu pré-escolar para eles, reforçando sua mensagem de que ser honesto é importante.

COMO SOLUCIONAR O PROBLEMA

O que fazer

Mostre a seu filho que a mentira dói

Quando apanhar seu filho mentindo, explique-lhe por que a mentira dói tanto em você quanto nele. "Que pena que você mentiu para mim. Estou muito triste por não poder acreditar no que você diz. Vamos praticar falar a verdade para eu poder acreditar no que você diz."

Explique a diferença entre mentir e dizer a verdade

A criança pré-escolar nem sempre sabe que está mentindo porque o que diz talvez pareça uma verdade para ela. Ajude seu filho a entender a diferença entre realidade e fantasia dizendo: "Eu sei que você quer que seu amigo goste de você, mas dizer a ele que você tem 101 dálmatas em casa não é verdade. A verdade é que você *queria* ter esses cachorros todos em casa, mas só tem uma, a Molly. Ela é uma cachorrinha muito legal e você a adora."

Ajude seu filho a aceitar responsabilidades

Quando você mandar seu filho realizar alguma tarefa, como guardar os brinquedos no quarto, ele pode mentir para não ter de cumpri-la dizendo-lhe que já fez o que você está pedindo. Diga: "Que bom que você fez o que eu mandei. Vamos ver como ficou." Se seu filho disser: "Ah, não, mamãe, agora não", é certeza quase absoluta de que ele não fez o combinado. Vá tirar a prova! Se descobrir que ele mentiu, diga: "Que pena que você mentiu quando disse que me obedeceu. Eu sei que você não queria guardar os brinquedos nem que eu ficasse triste com você, mas me obedecer e falar a verdade é muito importante. Agora vamos guardar tudo. Vou ficar vendo você fazer isso."

Pratique dizer a verdade

Quando seu filho mente para você, isso quer dizer que ele precisa praticar como falar a verdade. Diga: "Que pena que você mentiu quando perguntei se tinha desligado a TV. Eu quero que você diga: 'Sim, mamãe, quando terminar o programa vou desligar a TV.' Agora você."

Brinque de faz de conta com seu filho

Para ajudar seu filho a entender a diferença entre verdade e ficção, separe um tempo para ele inventar histórias. Então compare essa hora de faz de conta com a hora da verdade, em que você pede que ele conte o que aconteceu na realidade. Quando seu filho lhe contar alguma coisa que você sabe que é mentira, diga-lhe: "Que faz de conta interessante você me contou. Agora me conte a história que aconteceu de verdade."

O que não fazer

Não coloque a honestidade de seu filho à prova

Se você sabe que seu filho fez alguma coisa errada, fazer-lhe uma pergunta cuja resposta você já conhece vai deixá-lo em um dilema: contar a verdade e ficar de castigo, ou mentir e talvez escapar do castigo. Não o obrigue a escolher.

Não castigue

Quando você pegar seu filho dizendo mentiras para escapar de encrenca, não o castigue por isso. Ensine-lhe como aceitar a responsabilidade por um erro e a consertar o problema que causou. Diga, por exemplo: "Que pena que a parede está manchada. Agora vamos ter de aprender como limpar a parede. Vamos pegar o material de limpeza e começar a limpar. Eu pego o removedor e você, o pano. Viu? Quando você diz a verdade, fica mais fácil resolver o problema."

Não minta

Evite exagerar ou inventar histórias para impressionar os outros, evitar consequências ou não ter que fazer o que não quer.

Não exagere na reação

Mesmo que você já tenha dito um milhão de vezes que não suporta mentiras, perder as estribeiras quando seu filho mente só faz com que ele evite dizer a verdade para não deixar você bravo.

Não rotule seu filho de "mentiroso"

Não torne a mentira uma profecia autorrealizável. A criança que é chamada de "mentirosa" passa a acreditar que o que ela faz é o que ela é. Seu filho não é o que ele faz. Você pode não gostar do comportamento dele, mas vai amá-lo sempre e incondicionalmente.

Não leve a mentira a mal

Seu filho não conta versões exageradas do seu dia na creche para irritar você. Ele pode acreditar realmente que a cobra de estimação da creche escapou do viveiro porque tinha muito medo de que ela escapasse. Ouça a história dele e diga-lhe: "Que história interessante, meu amor. Sei que se a cobra ficasse solta pela sala ia dar o maior medo. Quer que eu converse com a 'tia' Laura para ela ver se a cobra está bem presa dentro do viveiro?"

"Não minta para mim!"

Mal Larry Kirk completou 4 anos, seus pais já o rotulavam de "mentiroso". Ao voltar da pré-escola, ele contava à mãe, Julie, as histórias mais mirabolantes sobre um homem que entrara na escola e fizera todos de reféns, ou sobre uma professora que teria ouvido que não podia mais trabalhar ali, ou sobre um amigo, Adam, que trouxera o pônei para a escola. Todo dia havia uma história nova, e Julie temia que as fantasias de Larry estivessem saindo de controle.

Lawrence, o pai de Larry, também já havia ouvido as "histórias de pescador" de Larry. Fazia pouco tempo, ele havia inquirido o filho a respeito de um suco derramado na cozinha, e a resposta que ouviu deixou-o atônito: Larry procurou convencê-lo de que alguém invadira a casa para roubá-la e devia ter derramado o suco no chão. "Mas, filho, é o mesmo suco de uva que está na sua caneca agora. Como você explica isso? Não minta para mim!" Quando Larry ficou sem resposta, mandaram-no tirar um tempo para pensar.

Julie e Lawrence perceberam que isso não ensinaria seu filho a dizer a verdade, porque, quanto mais o colocavam para pensar, mais ele mentia. Ele mentia até para tentar sair do tempo para pensar.

Julie e Lawrence amavam muito o filho e precisavam fazê-lo entender que o amariam incondicionalmente, independente do que acontecesse. Também sabiam que seu filho não precisava mentir para eles para impressioná-los ou livrar-se de encrencas, mas não estavam bem seguros de que ele também sabia disso. Quando pensaram em como o mundo se apresentava às crianças pequenas – uma mistura confusa entre fantasia e realidade –, o casal Kirk entendeu que poderia ajudar seu filho ensinando-lhe a diferença entre ficção e realidade.

"Conte-me como foi na escola hoje", disse Julie quando, no dia seguinte, Larry entrou no carro depois da pré-escola.

"Bom, hoje foi muito legal. O time de futebol que joga no estádio veio na nossa sala e nos ensinou futebol, mas o Josh se machucou e teve de ir pro hospital de ambulância...", começou Larry, mas Julie o interrompeu.

"Puxa!", exclamou ela. "Deve ter sido o máximo. Isso é o que você queria que tivesse acontecido hoje na escola, ou o que aconteceu de verdade?"

"Bem...", respondeu Larry, "Eu queria que tivesse sido assim. Aí a escola teria sido mais legal."

"Larry, sua história foi muito interessante, mas o que eu quero ouvir mesmo é a verdade. Não precisa inventar nada sobre a escola para eu achar que seu dia foi legal. Pode me contar do que você brincou, quem sentou do seu lado na hora do lanche, sobre o que a 'tia' Sharon falou e uma porção de outras coisas que eu gostaria de saber. Tenho uma ideia: já que você gosta de inventar histórias, vamos primeiro brincar de hora da história, quando você vai poder inventar histórias. Depois vamos ter a hora da verdade, quando você pode me contar o que aconteceu de verdade."

Larry adquiriu o hábito de dizer: "Hora da história, mamãe", e então começava um conto fantástico sobre como tinha sido seu dia na escola, e os dois morriam de rir. Julie não parava de dizer quanto gostava da hora da história.

"Agora é hora da verdade, Larry", dizia a mãe, e então ele relatava os acontecimentos mais corriqueiros daquele dia. Julie também dizia a Larry o quanto gostava do que ele contava na hora da verdade. Lawrence e Julie alcançaram dois objetivos: o de ensinar a seu filho uma lição sobre honestidade e o quanto valorizavam o fato de ele falar a verdade.

BAGUNÇA

Crianças pequenas são capazes de fazer bagunças das grandes e, para desespero dos pais ordeiros, elas quase nunca percebem a bagunça que fizeram. Sabendo que seu filho não faz bagunça por querer, mas simplesmente por não saber que é necessário limpar o rastro de sujeira que vai deixando, ensine a ele (quanto mais novo, melhor) que a bagunça não some com um passe de mágica – o bagunceiro (com alguma ajuda) deve arrumá-la. Inteire seu filho dessa realidade, mas não espere que ele siga as regras à risca. Estimule a organização em vez de exigi-la, elogiando a mais tênue tentativa de seu filho de participar do jogo da limpeza.

COMO PREVENIR O PROBLEMA

Usou, guardou

Ensine seu filho a guardar os brinquedos assim que acabar de brincar, para reduzir o número de coisas pelo caminho enquanto ele pula de um brinquedo a outro. Ajude-o a adquirir o hábito de recolher as coisas que usa desde pequeno, pois assim você o ajudará a ser uma criança mais ordeira e, mais tarde, um adulto mais organizado.

Demonstre como arrumar a bagunça

Disponibilize caixas e latas de tamanho adequado para seu filho guardar brinquedos e demais objetos. Mostre-lhe como arrumar seus objetos dentro das caixas e para onde elas devem ir depois de cheias. Assim, ele vai saber exatamente o que você quer quando mandar que ele guarde ou limpe alguma coisa.

Seja o mais específico possível

Em vez de pedir a seu filho que limpe o quarto, diga-lhe exatamente o que quer que ele faça. Diga, por exemplo: "Vamos colocar as pecinhas no balde e os blocos na caixa." Simplifique suas instruções ao máximo para seu filho.

Ofereça material de limpeza adequado

Não espere que seu filho saiba sozinho o que usar para limpar a sujeira. Por exemplo, dê-lhe o pano certo para limpar a mesa. Não se esqueça de elogiar todos os esforços dele para fazer a limpeza depois que você tiver lhe fornecido o material necessário.

Limite as atividades que fazem sujeira a um local seguro

Evite possíveis catástrofes, deixando seu filho brincar com coisas que sujam (tintas para pintura a dedo, argila, canetas hidrográficas, giz de cera e outras) em lugares apropriados. Não espere que ele saiba que não deve destruir o tapete da sala quando você o deixou brincar de pintura em cima dele.

COMO SOLUCIONAR O PROBLEMA

O que fazer

Use a "regra da vovó"

Se seu filho não quiser limpar as sujeiras que fez, condicione a diversão dele às suas ordens. Diga, por exemplo: "É, eu sei que você não quer recolher os blocos. Mas, quando você tiver guardado os blocos, vai poder brincar lá fora." Lembre-se de que, desde o primeiro ano de vida, a criança já pode ajudar um pouco na arrumação. Ela precisa começar com o que lhe for possível para, aos poucos, assumir tarefas mais complicadas.

Trabalhem juntos

Às vezes, o trabalho de limpeza e arrumação é grande demais para os músculos ou as mãos da criança pequena. Junte-se a ela no trabalho para estimular a partilha e a cooperação – duas lições que é bom que seu filho aprenda ainda na pré-escola. Ao ver mamãe ou papai fazendo limpeza, a atividade fica muito mais convidativa para ele.

Brinque de "corrida contra o tempo"

Quando seu filho está tentando vencer o relógio, apanhar os brinquedos deixa de ser uma tarefa árdua para virar uma brincadeira. Participe da diversão dizendo: "Quando tiver recolhido os brinquedos antes do alarme tocar, vai poder pegar outro brinquedo." Quando seu filho tiver conseguido ganhar do relógio, elogie a conquista dele e cumpra a sua promessa.

Elogie o esforço que seu filho fez para arrumar ou limpar

Estimule seu filho a arrumar a própria bagunça com uma motivação infalível: elogie-o! Faça comentários sobre o bom trabalho que ele está fazendo ao guardar os gizes de cera, por exemplo. Diga: "Que bom que você guardou o giz vermelho na caixinha. Obrigado por ajudar a arrumar o quarto."

O que não fazer

Não espere perfeição

Seu filho não teve muito tempo para praticar como arrumar a própria bagunça, portanto não espere que a arrumação dele saia perfeita. O fato de ele estar tentando arrumar significa que está aprendendo. Com o tempo ele melhora.

Não castigue a desorganização

Seu filho ainda não entende o valor da organização e ainda não tem maturidade física para manter tudo arrumadinho o tempo todo, portanto castigá-lo por ter feito bagunça não vai ensinar-lhe o que ele precisa aprender sobre arrumação.

Não espere que crianças da pré-escola saibam que roupa usar para brincar

Seu filho ainda não entende o valor de roupas bem-cuidadas, então dê-lhe roupas velhas (e vista-as do avesso, caso ache necessário) antes de permitir que brinque com coisas que sujam.

Bagunça em dose dupla

Como pais, John e Mandy Wareman estavam acostumados a tudo, menos à bagunça que suas gêmeas de 5 anos, Leah e

Hannah, faziam quase todo dia. "Boas meninas sempre guardam todos os brinquedos", dizia a senhora Wareman, tentando convencê-las a não deixar os brinquedos espalhados pela sala depois de brincar. Ao perceber que isso não dava certo, ela começou a bater nas filhas e a mandá-las para o quarto quando não arrumavam a bagunça. Mas esse castigo parecia castigar somente a mãe, porque as meninas faziam mais bagunça dentro dos próprios quartos.

A senhora Wareman finalmente encontrou um jeito de resolver o problema, ao perceber o quanto suas filhas gostavam de brincar no balanço recém-instalado no quintal. Ela resolveu transformar essa brincadeira em um privilégio a ser alcançado. Um dia, as meninas quiseram sair em vez de guardar as pecinhas e a cozinha de brinquedo com que estavam brincando antes. A senhora Wareman disse: "Temos uma regra nova, meninas. Sei que querem sair, mas só vão poder fazer isso quando tiverem guardado a cozinha, Leah, e as pecinhas, Hannah. Aí vão poder brincar de balanço. Eu ajudo".

As meninas olharam uma para a outra. Não queriam guardar os brinquedos, mas queriam muito brincar no balanço. A senhora Wareman começou a recolher as pecinhas e a colocá-las no pote para ter certeza de que Hannah sabia o que ela queria dizer com guardar as pecinhas. A senhora Wareman também abriu a sacola para Leah poder colocar os utensílios de cozinha no devido lugar, sem deixar dúvida quanto ao que significava guardar a cozinha.

Enquanto as meninas começavam a arrumar as coisas, a senhora Wareman comentou o quanto estava feliz com o esforço delas. "Obrigada pela arrumação. Você está colocando as pecinhas todas no pote, muito bem! E estou gostando de ver a cozinha toda entrar nessa sacola tão pequena." Abraçou as duas filhas, verdadeiramente orgulhosa delas, e logo as duas saíram correndo pela porta, permitindo que a mãe fizesse o almoço, em vez de ter que arrumar a bagunça delas.

Por semanas a fio, as gêmeas precisavam ouvir ofertas de gratificações para arrumar os brinquedos, mas finalmente aprenderam que guardar um brinquedo antes de pegar o outro tornava a arrumação mais rápida e conquistava grandes elogios da mamãe.

XINGAMENTOS

Os pequenos linguistas da fase pré-escolar testam o poder do insulto para mostrar ao mundo que estão no comando e que sabem falar como comandantes. Ao xingar os outros, seu filho está testando a força das palavras e a reação que elas provocam. Se você reagir calmamente quando ele o xingar, ensinará a ele que isso não surte o efeito pretendido. Explique que ele também deve reagir com calma quando for xingado. Ele vai perceber que o jogo do xingamento não tem tanta graça quando é jogado sozinho.

COMO PREVENIR O PROBLEMA

Cuidado com os apelidos que você dá

Evite chamar seu filho por apelidos que não quer que ele use para chamar outras pessoas. Há uma grande diferença entre "Sua capetinha!" e "Bonequinha".

Ensine seu filho a responder com calma a xingamentos

Ensine a seu filho como reagir de modo adequado para o caso de ele ser xingado. Incentive-o a não ficar zangado. Diga: "Quando seu amigo te chamar de um nome feio, responda com calma que não vai mais brincar com ele se ele xingar você."

Distinga o que é nome feio e o que não é

Não se esqueça de esclarecer seu filho a respeito das palavras "impróprias" antes de esperar que ele saiba o que é isso.

COMO SOLUCIONAR O PROBLEMA

O que fazer

Ponha seu filho no "tempo para pensar"

Diga, por exemplo: "Quando você faz coisas feias, perde o direito de brincar. Que pena que xingou sua irmã! Tempo para pensar."

Faça-o enjoar da palavra

Para algumas crianças pré-escolares, repetir uma palavra corta o seu efeito. Coloque seu filho em uma cadeira e faça-o repetir a palavra sem parar (um minuto para cada ano de idade). Se ele se recusar a fazer isso (muitas crianças se recusam), faça-o continuar sentado ali até ele começar, leve o tempo que levar. Quando ele tiver terminado, concentre-se em lhe ensinar coisas adequadas para dizer.

Ressalte as boas palavras

Elogie seu filho quando ele estiver usando termos apropriados, em vez de xingamentos, para ajudá-lo a distinguir entre o que é aceitável e o que não é.

Seja coerente

Tome a mesma atitude toda vez que seu filho xingar, para lhe ensinar que isso nunca vai ser tolerado. Diga: "Que pena que xingou o seu amigo! Agora vai ter que tirar um tempo para pensar" ou "Agora vai repetir essa palavra até enjoar".

O que não fazer

Não xingue

Como ser xingado é muito irritante, é fácil gritar de volta as mesmas palavras ferinas que seu filho usou contra você. Dizer coisas do tipo "Seu burro! Você não devia xingar os outros!" dá permissão a seu filho para usar as palavras que você usou. Em vez disso, canalize a sua raiva para explicar como e por que você ficou chateado. Seu filho vai aprender quando as palavras dele magoam você e como você quer que ele se comporte quando tiver vontade de dizer um insulto.

Não castigue severamente seu filho por ter xingado

Se você castigar seu filho com severidade, tudo o que ele vai aprender é a não xingar quando você puder ouvi-lo. Em vez de aprender que xingar é errado, ele vai aprender que precisa evitar ser pego. Um comportamento castigado não cessa, apenas deixa de acontecer na sua frente.

"Que coisa feia!"

Max e Suzanne Glass ficaram chocados quando ouviram sua linda filhinha de 4 anos, Sarah, chamar os amigos de "burro", "idiota" e "cocô de cachorro". Eles nunca tinham usado palavras desse tipo em casa, por isso não entendiam onde Sarah as havia aprendido, nem sabiam o que fazer.

"Não xingue as pessoas, Sarah! Que coisa feia!", diziam toda vez que a filha usava uma palavra ofensiva, mas isso mal fazia efeito. Na verdade, Sarah logo começou a xingar os próprios pais, o que os fez bater nela. Mas nem isso cessou os xingamentos.

Por fim, a senhora Glass resolveu tentar outra estratégia. Ela começou a supervisionar as brincadeiras da filha mais de perto, para descobrir quando Sarah brincava direito com os coleguinhas e quando não brincava. "Que bom que vocês estão se dando bem!", elogiou a senhora Glass enquanto Sarah e sua prima, Maria, vestiam as bonecas. Mas, quando Maria tentou levar a boneca de Sarah para dar uma volta no carrinho azul, Sarah gritou: "Maria, sua burra, você não sabe que o carro azul é meu?".

A senhora Glass apartou as meninas imediatamente. "Que pena que você chamou sua prima de burra!", disse a Sarah. "Tempo para pensar." Depois de quatro minutos na cadeira do tempo para pensar, Sarah aprendeu que sua mãe falava a sério. Quando xingava alguém, a brincadeira era interrompida e ela era posta no tempo para pensar. Sarah começou a aprender que xingamentos magoam, e o comportamento começou a desaparecer.

DESOBEDIÊNCIA

As crianças pré-escolares adoram pôr à prova as advertências dos pais, ver quanto as regras podem ser flexibilizadas e em que grau as instruções precisam ser cumpridas. Forneça resultados coerentes à pesquisa de seu filho sobre o mundo dos adultos. Prove-lhe que você fala a sério para que ele saiba com mais segurança o que esperar dos outros adultos. A elaboração e aplicação de regras por você pode parecer ditatorial para seu filho, mas, apesar dos protestos, ele vai se sentir mais seguro sabendo que os limites são firmes e as regras são definidas, conforme passa do mundo dos pequenos ao dos grandes.

COMO PREVENIR O PROBLEMA

Descubra quantas ordens seu filho consegue cumprir de uma só vez

Seu filho em idade pré-escolar só vai conseguir recordar e seguir certo número de instruções de acordo com seu estágio de desenvolvimento. Para descobrir o limite de seu filho, dê-lhe uma ordem simples, depois duas, depois três. Por exemplo, três ordens corresponderiam a "Pegue o livro, ponha-o na mesa e venha sentar aqui comigo, por favor". Se os três itens forem seguidos na ordem proposta, você saberá que seu filho consegue se lembrar de três ordens. Identifique o limite dele e espere que cresça para dar-lhe instruções mais complicadas.

Deixe seu filho pequeno fazer o máximo que puder sozinho

Como quer seguir o próprio ritmo e mandar completamente na própria vida, seu filho pré-escolar luta pela chance de fazer as suas escolhas. Sempre que possível, conceda-lhe a oportunidade de desenvolver sua capacidade de tomar decisões e de aumentar sua autoconfiança. Quanto mais controle ele sentir que tem, menos deve se recusar a receber ordens dos outros.

Evite regras desnecessárias

Analise a importância de uma regra antes de estabelecê-la. Seu filho pré-escolar precisa de tanta liberdade quanto possível para desenvolver sua independência.

COMO SOLUCIONAR O PROBLEMA

O que fazer

Forneça instruções simples e claras

Seja tão específico quanto possível a respeito do que deseja que seu filho faça. Assim será mais fácil para ele seguir suas ordens. Sugira, mas procure não criticar o que ele fez. Diga, por exemplo: "Pegue os brinquedos e coloque no baú, por favor" em vez de "Por que você nunca lembra de guardar os brinquedos sozinho?".

Elogie o cumprimento de ordens

Gratifique seu filho por ter seguido as suas ordens, elogiando o que ele fez certo. Você também pode demonstrar-lhe como expressar gratidão pelo esforço de alguém dizendo: "Obrigado por ter feito o que eu lhe pedi."

Use a contagem regressiva

Estabeleça a regra que seu filho deve começar a obedecer depois de você ter contado até cinco, facilitando para ele que abandone sua diversão para realizar algo que você quer que ele faça. Diga: "Pode ir guardando os brinquedos. Cinco... quatro... três... dois... um." Agradeça-lhe por ter começado antes do fim da contagem, se o fizer.

Elogie o progresso de seu filho

Torça por ele enquanto estiver procedendo à conclusão da tarefa pedida. Diga, por exemplo: "Gostei de ver você levantando e começando a apanhar os brinquedos."

Use a "regra da vovó"

É mais fácil as crianças seguirem ordens quando sabem que vão poder fazer o que quiserem após cumpri-las. Diga, por exemplo: "Quando você tiver recolhido os livros, poderá ligar a televisão" ou "Quando você lavar as mãos, vamos almoçar".

Pratique o cumprimento de ordens

Se seu filho não estiver seguindo suas instruções, verifique se ele não consegue ou não quer segui-las, acompanhando de perto o cumprimento delas. Guie-o e elogie os progressos dele. Se descobrir que ele sabe como obedecer, mas simplesmente se recusa a fazê-lo, diga: "Que pena que você não está obedecendo! Agora vamos ter que praticar." Pratique cinco vezes, depois dê-lhe a oportunidade de seguir as ordens sozinho uma vez. Se ainda assim ele se recusar, diga: "Parece que precisamos praticar mais. Quando você tiver terminado, vai poder brincar."

O que não fazer

Não desista se seu filho oferecer resistência

Diga a si próprio: "Sei que meu filho não quer fazer o que mandei, mas tenho mais experiência do que ele e sei o que é melhor para ele. Preciso ensinar-lhe dando instruções claras para que mais tarde ele saiba se virar sozinho."

Não castigue seu filho por não cumprir ordens

Ensinar a seu filho como fazer algo, em vez de castigá-lo por não tê-lo feito, preserva a autoestima dele e tira o foco do não cumprimento das ordens.

"Obedeça-me!"

Eric Jackson, aos 4 anos e meio, sabia o alfabeto, sabia contar e estava até começando a ler em voz alta algumas pala-

vras de seus livros preferidos. A única coisa que ele não sabia fazer era o que sua mãe mais queria: cumprir suas ordens.

Todos os dias, a mãe de Eric lhe dava instruções simples do tipo: "Eric, guarde seus brinquedos e depois ponha a roupa suja no cesto" ou "Sente aqui no sofá e ponha as botas". Eric chegava até mais ou menos a metade da primeira tarefa; então se distraía, esquecia os afazeres e saía para procurar um caminhãozinho ou ir ver o que o irmão estava fazendo.

"Quantas vezes tenho que mandar você fazer as coisas?", gritava sua mãe, frustrada. "Você não ouve o que eu digo! Você nunca entende o que eu falo!" continuava ela, dando-lhe uma palmadinha por não ter feito o que ela queria.

Isso continuou até que Eric respondeu gritando: "Eu não consigo fazer o que você quer!" Sua mãe o escutou e o levou a sério. Ela resolveu tentar limitar suas ordens a um comando simples para ver se Eric conseguia obedecê-la.

"Eric, traga-me suas botas", pediu ela com simplicidade. Eric andou até suas botinhas azuis e brancas e levou-as até a mãe, que bateu palmas de contentamento. "Muito obrigada por me atender!" Pouco depois, ela pediu que Eric fosse vestir o casaco. Quando Eric cumpriu a ordem, ela elogiou seu esforço.

A mãe de Eric estava contente por poder parar de ameaçar e gritar com o filho. Ela percebeu que levar em conta o que Eric sentia era crucial para que tivessem um bom relacionamento. Gradualmente, ela foi aumentando o número de ordens que dava ao filho, esperando até ele conseguir lidar com duas de uma vez antes de apresentar três de uma vez. O emprego de uma linguagem clara e da regra da vovó ajudaram-na a ganhar a guerra contra o não cumprimento das ordens.

A CRIANÇA NÃO DIVIDE

Meu é a palavra de ordem que as crianças pré-escolares empregam para lembrar às outras (e aos adultos) os seus direitos territoriais. Apesar da guerra que essa palavrinha de três letras incita nos lares com crianças de menos de 5 anos, infelizmente a possessividade não desaparece até que elas atinjam o estágio de desenvolvimento propício (entre os 3 e os 4 anos de idade). Ajude a lançar as bases da paz ensinando com persistência a seu filho pré-escolar as regras de empréstimo que valem neste mundo. Faça valer essas regras de partilha em casa, mas tenha paciência. Não espere que sejam cumpridas à risca até testemunhar seu filho sendo generoso sem a sua intervenção – o sinal triunfante de que ele está pronto para ampliar seus horizontes.

COMO PREVENIR O PROBLEMA

Separe alguns brinquedos só para seu filho

Antes que os pré-escolares possam abdicar da palavra *meu* e de todas as coisas ligadas a ela, devem ter a chance de possuir alguma coisa. Esconda os brinquedos ou cobertores preferidos de seu filho quando vier alguma visita, para que ele não seja forçado a emprestá-los.

Destaque como você e seus amigos emprestam as coisas uns aos outros

Mostre a seu filho que não é só dele que se espera que reparta as coisas. Em momentos neutros (quando não houver empréstimos em vista), forneça exemplos de como você e seus amigos repartem as coisas. Diga: "Hoje a Mary pegou meu livro de receitas emprestado" ou "Charlie pegou meu cortador de grama emprestado".

Destaque o sentido da partilha e de como você gosta de vê-la acontecer

Diga a seu filho como ele está repartindo bem o que possui sempre que ele permitir que outra pessoa pegue ou brinque com seus brinquedos. Diga, por exemplo: "Estou gostando de ver você repartir o brinquedo, deixando seu amigo brincar um pouco."

Identifique os brinquedos parecidos (para gêmeos ou crianças de idades aproximadas)

Procure evitar que o ursinho de seu filho seja confundido com o de sua irmã ou irmão, caso sejam iguais. Identifique cada um deles com o nome do dono para ajudar seus filhos a terem certeza do que é deles.

Estabeleça as regras de partilha

Antes que os amiguinhos cheguem para brincar, diga a seu filho o que espera dele quando brincar em grupo. Diga, por exemplo: "Quando você largar um brinquedo, os outros vão poder brincar com ele. Quando você estiver com um brinquedo na mão, vai poder continuar com ele."

Compreenda que talvez seu filho saiba repartir melhor na casa do amigo

Talvez seu filho seja menos resistente à partilha quando não estiver defendendo o próprio território.

Lembre-se de que saber dividir é uma tarefa do desenvolvimento

Aprender a dividir é uma conquista que não pode ser acelerada. Geralmente, aos 4 ou 5 anos de idade seu filho começa a saber repartir sem precisar ser lembrado disso.

COMO SOLUCIONAR O PROBLEMA

O que fazer

Supervisione a brincadeira das crianças de 1 a 2 anos

Como não se pode esperar que crianças com menos de 3 anos de idade saibam repartir, esteja por perto enquanto brincam para ajudar a resolver conflitos de possessividade que elas ainda não conseguem solucionar sozinhas.

Acerte o cronômetro

Quando duas crianças estiverem chamando um brinquedo de "meu", mostre-lhes como funciona o toma lá dá cá da partilha. Diga a uma delas que você vai acertar um cronômetro e que, quando o alarme tocar, a outra criança vai poder pegar o brinquedo. Continue usando o cronômetro até que elas se cansem do brinquedo.

Ponha os brinquedos "de castigo"

Caso esteja havendo confronto por uma criança não querer dividir um brinquedo, coloque-o no tempo para pensar para retirá-lo de cena. Se o brinquedo estiver fora de alcance, não causará problemas. Diga: "Este brinquedo está causando problemas. Ele vai ter que dar um tempo para pensar." Se as crianças continuarem a disputar o brinquedo depois que ele foi retirado, conserve-o fora de cena para deixar claro que, quando elas não repartirem um brinquedo, ninguém vai brincar com ele.

O que não fazer

Não se aborreça

Lembre-se de que seu filho aprenderá a emprestar quando chegar o tempo certo e não quando você obrigá-lo a fazer isso. Quando seu filho começar a repartir seus pertences, você vai saber que essa hora chegou!

Não castigue seu filho por não querer dividir de vez em quando

Caso seu filho só tenha problemas de partilha ocasionalmente, retire de cena o brinquedo que provoca o conflito, em vez de castigar seu filho. Isso põe a carga da culpa no brinquedo, não na criança.

Aprendendo a emprestar

Cody Smith, um menino de 3 anos, sabia o que queria dizer emprestar: queria dizer que não podia segurar todos os brinquedos que quisesse quando seu amigo Jim vinha visitá-lo. "Você tem que aprender a emprestar!", disse-lhe sua mãe depois de mais um dia em que Cody se agarrou aos brinquedos dizendo "meu" sempre que a mãe pedia: "Vamos lá, Cody, empreste ao amigo."

Certo dia, a senhora Smith gritou: "Vou dar todos os seus brinquedos para as crianças pobres. Elas sim vão dar valor a eles", enquanto batia em Cody para que, às lágrimas, ele cedesse os brinquedos. Naquela noite, depois que Cody foi para a cama, a senhora Smith disse ao marido: "O Cody simplesmente não sabe como repartir." Esta simples constatação jogou nova luz sobre o problema. A família Smith percebeu que precisava ensinar a Cody o que significava compartilhar.

Na visita seguinte dos primos de Cody, a senhora Smith puxou-o de lado para uma conversinha. "Cody, as regras de empréstimo vão ser essas. Todo o mundo vai poder brincar com qualquer brinquedo da casa enquanto outra pessoa não estiver com ele. Se você, o Mike ou a Mary estiverem com o brinquedo, ninguém vai poder tirá-lo. Cada um só vai poder brincar com um brinquedo de cada vez." A senhora Smith também disse a Cody que ele poderia separar o brinquedo preferido dele, que ficaria sendo só dele.

As horas seguintes foram de tensão para a senhora Smith, mas Cody parecia mais tranquilo. Ele começou a pegar apenas um brinquedo e a deixar os primos escolherem dentre os outros do baú. "Estou orgulhosa por você estar emprestando", disse a vigilante mãe enquanto supervisionava a operação.

Quando ela saiu para preparar o almoço, o familiar grito de "meu" trouxe-a de volta à sala. A nova boneca que arrotava estava sendo disputada em um cabo de guerra entre Mary e Cody. "Este brinquedo está criando problemas", afirmou, séria, a senhora Smith. "Ele vai ter que dar um tempo para pensar." As crianças observaram incrédulas a pobre Betsy ser levada para a cadeirinha do tempo para pensar e lá permanecer com a expressão solitária de um cãozinho travesso. Dois minutos depois, a senhora Smith devolveu a boneca às crianças, que já se haviam esquecido completamente dela e brincavam com blocos de montar.

Com o passar das semanas, as crianças passaram a brincar lado a lado, sendo necessários cada vez menos tempos para pensar para restaurar a paz, especialmente porque Cody estava mais disposto a deixar os brinquedos "dele" serem "deles" enquanto todos estivessem brincando.

A CRIANÇA NÃO COME

Os pais muitas vezes insistem com seus pré-escolares agitados para que comam, pois a maioria das crianças com menos de 6 anos está ocupada demais investigando o mundo para desperdiçar tempo se alimentando. Se a tentação de forçar seu filho a comer parece irresistível, tente dar mais atenção a ele quando come (até a menor das ervilhas!) do que quando não come.

Observação: É comum a criança pré-escolar ocasionalmente não ter vontade de comer. Não confunda esses episódios com doença. Mas busque a ajuda de um profissional se você perceber que seu filho está fisicamente doente e não consegue comer.

COMO PREVENIR O PROBLEMA

Não pule suas próprias refeições

Quando você deixa de fazer suas próprias refeições, seu filho fica com a impressão de que também pode deixar de comer, já que isso é permitido para você.

Não chame a atenção para barrigas protuberantes nem idolatre físicos esqueléticos

Até uma criança de 3 anos pode ficar irracionalmente preocupada com o peso se você demonstrar para ela como ficar obcecada pelo próprio corpo.

Conheça a quantidade de comida adequada para a idade e o peso de seu filho

A marcha do crescimento, o grau de atividade física e o tamanho do corpo de seu filho determinam o número de porções dos cinco grupos alimentares (leite, carne, verduras, cereais e frutas) de que ele precisa por dia. Consulte o pediatra de seu filho para sanar as dúvidas sobre nutição específicas a ele. Para maiores informações sobre as recomendações para crianças de 1 a 5 anos, consulte a Biblioteca Virtual do Ministério da Saúde em http://bvsms.saude.gov.br/.

COMO SOLUCIONAR O PROBLEMA

O que fazer

Ofereça refeições em quantidades menores, mais vezes ao dia

Acostume o organismo de seu filho a receber refeições nas horas certas. Porém, o estômago de seu filho não é tão grande quanto o seu, portanto ele não consegue conter comida suficiente para nutri-lo pelas quatro horas ou mais entre as refeições. Deixe seu filho comer com a frequência que quiser, mas só os alimentos adequados à boa nutrição. Diga, por exemplo: "Sempre que estiver com fome, me avise, e vai poder comer salada de frutas ou maçã com queijo." Fique de olho para sugerir alimentos que existem na despensa e uma hora em que uma refeição ficará pronta.

Deixe seu filho escolher a comida

De vez em quando, deixe seu filho escolher o que comer no lanche ou no almoço (sob a sua supervisão). Se ele sentir um maior controle sobre o que come, pode ser que se anime mais a comer. Ofereça-lhe no máximo duas opções a cada vez, para que não fique assoberbado com a decisão a tomar, e elogie-o com comentários do tipo: "Que bom que você escolheu a laranja! É um lanche muito gostoso."

Proporcione variedade e equilíbrio

A criança precisa aprender o que é uma dieta adequada, que inclui uma gama de alimentos diferentes. Mostre a seu filho os vários sabores, texturas, cores e aromas dos alimentos saudáveis. Lembre-se de que o gosto da criança pré-escolar muda da noite para o dia, por isso prepare-se: seu filho pode não querer uma comida que na semana anterior era a sua preferida.

Deixe a natureza fazer seu trabalho

A criança normal e saudável seleciona de modo natural uma dieta semanal equilibrada que os pediatras dizem servir para mantê-la devidamente nutrida. Tenha em mente o que seu filho comeu de segunda a domingo – mas sem ficar com isso na cabeça o tempo todo – antes de ficar alarmado com a possibilidade de ele estar desnutrido.

Flagre seu filho com a boca cheia

Incentive seu filho quando ele abocanhar uma colherada de alimentos nutritivos, ensinando-lhe que se alimentar vai lhe trazer tanta atenção quanto não comer. Elogie os bons hábitos alimentares dizendo: "Gostei de ver você pôr o bolo de carne na boca sozinho" ou "Que bom que gostou dos pãezinhos que comemos hoje!".

Mantenha horários fixos para as refeições

Como seu filho não tem o mesmo horário alimentar que o seu, talvez ele queira brincar lá fora ou terminar um castelo de blocos quando chegar o horário da sua refeição. Ele pode precisar ser treinado para respeitar o seu horário e sentar à mesa com você. Faça isso, mas *não* obrigue seu filho a ingerir grandes quantidades de comida. Acerte um cronômetro para marcar o tempo em que ele precisa permanecer na mesa, comendo ou não. Diga: "O relógio vai dizer quando o jantar acaba. A regra é você continuar na mesa até o alarme tocar. Avise quando tiver terminado de comer que eu tiro o seu prato." Faça as crianças de até 3 anos de idade permanecerem na mesa por menos tempo (no máximo cinco minutos) do que as de 4 ou 5 anos (no máximo dez minutos). Identifique os horários em que seu filho sente fome (horários aos quais talvez você queira se adaptar, se possível).

O que não fazer

Não ofereça alimentos como prêmio por ele ter comido

Dê à comida a sua devida dimensão. Os alimentos servem para nutrir, não para angariar elogios. Em vez de oferecer sorvete para que seu filho coma verduras, diga: "Como você comeu toda a vagem, vai poder sair para brincar depois do jantar."

Não suborne nem implore

Quando seu filho não estiver comendo, não o suborne nem implore para limpar o prato. Isso faz ficar em jejum virar um jogo para obter a sua atenção, o que dá à criança uma sensação de poder sobre você.

Não se zangue se seu filho não quiser comer

Quanto mais atenção seu filho receber por não comer, mais interessante o jejum se tornará para ele.

Não exagere na reação

Procure não dar muita atenção a seu filho por ele não querer comer, para que a refeição não vire um campo de batalha para as disputas de poder.

"Não quero comer!"

Quando John Rowland completou 4 anos de idade, seu apetite caiu a zero. Seus pais não sabiam por quê, tampouco o pediatra, que fez um check-up *no menino por insistência da mãe preocupada. Certa noite, depois de a senhora Rowland ter implorado a ele para comer uma ervilha que fosse, John teve um verdadeiro ataque, empurrando o prato para fora da mesa e gritando: "Não, não quero comer nada!"*

O senhor Rowland percebeu que já tinha deixado a situação na mão da esposa por tempo demais. "Escuta aqui, Johnny, se você não comer uma garfada de macarrão, vai ter que sair da mesa", ameaçou, informando veementemente qual era a regra do momento. Ele jamais teria imaginado que John fosse aceitar a oferta dele e sair da cadeira. "Johnny Rowland, não saia desta mesa! Você vai ficar e terminar o jantar, nem que tenha que ficar aqui a noite inteira!", gritou o senhor Rowland, mudando as regras e acabando de confundir a cabeça do filho.

Mais tarde, quando já tinham beijado e abraçado o filho e o posto na cama, o casal Rowland decidiu que teria de tentar outra coisa. Não queriam bater em seu filhinho e gritar com ele só porque não queria comer. Queriam que as refeições voltassem a ser o que eram: um momento para se alimentar, conviver e comentar os acontecimentos do dia.

No jantar seguinte, a comida deixou de ser o centro das atenções e eles fingiram ignorar a falta de apetite de John. "Conte-me como foi ser o ajudante na escolinha hoje", começou a mãe (com toda a sinceridade e calma que conseguiu reunir), enquanto passava os brócolis para o marido. Todo prosa, John contou como foi escolhido para ser o porta-bandeira. Em meio às suas explicações empolgadas, por acaso ele comeu uma colherada de purê de batatas.

"Que bom que você ajudou tanto na escola hoje", elogiou a senhora Rowland. "Também estou feliz porque o purê agradou", acrescentou. O casal continuou a comer, refreando o ímpeto de insistir para o filho comer mais.

No dia seguinte, os pais de John conversaram sobre o sucesso da noite anterior e decidiram continuar com a estratégia. Também recordaram o que dissera o médico de John: "Pode ser que o John só consiga comer porções pequenas, a julgar pelo corpo dele, que é normal, mas de porte franzino e talvez ele coma essas porções mais de três vezes ao dia, como muita gente faz."

A hora do jantar deixou de ser uma preocupação para a senhora Rowland. Ela começou a inventar barquinhos de pedaços de cenoura e carinhas de queijo e passas para John comer durante o dia. John começou a demonstrar interesse por comer mais durante o dia, embora ainda comesse muito pouco no jantar. Mas o casal Rowland apreciava os momentos em que John comia e deixava-o determinar quando estava ou não com fome.

A CRIANÇA COME DEMAIS

O apetite de muitas crianças pré-escolares pode ser tão interminável quando o do famoso Come-Come da *Vila Sésamo*. Assim como o herói-marionete, seu filho pode não saber o porquê de querer mais comida do que precisa. Mas *você* precisa entender os motivos dele para colocar seus hábitos alimentares nos trilhos. Comer demais é sintoma de um problema, não o problema; sendo assim, procure descobrir os motivos por trás do aparente "saco sem fundo" que é seu filho. Algumas explicações possíveis são maus hábitos, tédio, imitação ou desejo de obter atenção. Ajude-o a encontrar maneiras de satisfazer suas necessidades e desejos sem comer excessivamente.

Observação: Procure a ajuda de um profissional caso seu filho persista em comer demais. Evite dietas sem supervisão médica.

COMO PREVENIR O PROBLEMA

Sirva de exemplo para a postura alimentar saudável

O seu relacionamento com a comida é contagioso. Quando você se queixa do seu regime ou de estar muito gordo, por exemplo, seu filho aprende que a comida tem um poder além de torná-lo saudável. A comida torna-se um inimigo, contra o qual ele deve estar sempre em guarda para não perder o controle e empanturrar-se com bolos de chocolate proibidos. Como a moderação é o segredo da boa saúde, modere o que você fala e faz. Os distúrbios alimentares nas crianças pequenas vêm se tornando mais comuns, em parte devido à nossa cultura obcecada por dietas.

Torne-se perito no que é adequado a seu filho

A marcha do crescimento, o grau de atividade e o tamanho do corpo de seu filho determinam o número de porções dos cinco grupos alimentares (leite, carne, verduras, cereais e frutas) de que ele precisa por dia. Consulte o pediatra de seu filho para sanar as dúvidas nutricionais específicas para ele. Para maiores informações sobre as recomendações para crianças de 1 a 5 anos, consulte a Biblioteca Virtual do Ministério da Saúde em http://bvsms.saude.gov.br/bvs/publicacoes/folder_10passos.pdf.

Sirva comida saudável

Mantenha tanto os alimentos de altas calorias quanto os calóricos de baixo valor nutritivo fora do alcance de seu filho, para que ele não fique tentado a pegá-los.

Fique de olho na alimentação de seu filho

Como seu filho pequeno é muito novo para saber o que deve ou não comer, cabe a você estabelecer hábitos alimentares saudáveis – quanto mais cedo, melhor. Alimentos muito gordurosos e açucarados devem ser substituídos por alimentos com muitas proteínas, vitaminas e minerais para proporcionar um equilíbrio nutritivo e calórico ao longo do dia.

Ensine quando, como e onde é permitido comer

Restrinja a ingestão de alimentos à cozinha e à sala de jantar. Diminua o ritmo da ingestão e insista para que a comida seja consumida sobre um prato ou tigela, em vez de direto da geladeira. Prolongar o tempo entre cada garfada permite ao nosso cérebro entender que estamos satisfeitos antes de termos comido mais do que é preciso. (Este processo leva cerca de vinte minutos.)

COMO SOLUCIONAR O PROBLEMA

O que fazer

Arranje outras atividades agradáveis além de comer

Procure saber o que seu filho gosta de fazer além de comer e sugira essas atividades depois de ele ter comido o suficiente para satisfazer a fome. Mostre-lhe como coisas que não são comida podem ser deliciosas.

Dê à comida apenas a sua devida importância

Não ofereça alimentos como presentes ou prêmios, evitando ensinar a seu filho que comer tem outro sentido além de satisfazer a fome.

Ofereça lanchinhos nutritivos entre as refeições

Um lanche oportuno pode impedir que seu filho fique morto de fome e se entupa de comida quando finalmente chegar a hora da refeição.

Observe quando seu filho come demais

Procure descobrir por que seu filho come demais observando se ele começa a comer quando está entediado, zangado, triste, quando observa os outros comerem ou quando quer sua atenção. Ajude-o a trabalhar seus sentimentos sem recorrer à comida, conversando ou brincando, por exemplo. Converse com seu filho a respeito de seus problemas para que ele não se sinta tentado a fazer da comida uma solução.

Controle os seus próprios hábitos alimentares

Quando os pais beliscam alimentos calóricos de baixo valor nutritivo o dia inteiro, os filhos tendem a fazer o mesmo.

Elogie as boas escolhas alimentares

Você pode controlar as preferências alimentares de seu filho por meio de seu tom de voz e incentivando-o a escolher os alimentos que prefere que ele consuma. Sempre que seu filho pegar uma laranja em vez de chocolate, diga: "Que ótimo você ter escolhido isso para lanchar! Que bom que está se cuidando, escolhendo comidas gostosas como laranja!"

Incentive atividades físicas

Geralmente, a criança acima do peso não come mais do que a criança com peso normal; ela simplesmente não queima calorias suficientes pelo exercício físico. Se você vive em um lugar frio, sugira atividades físicas dentro de casa no inverno, como dançar ou pular corda. No verão, atividades como nadar, caminhar, jogar futebol e brincar de balanço não só favorecem o desenvolvimento físico de seu filho como também aliviam a tensão, proporcionam um pouco de ar fresco, aperfeiçoam a coordenação motora e aumentam a força. A sua participação tornará o exercício ainda mais divertido para seu filho.

Comunique-se com seu filho

Fique atento para que o estímulo que você dá a seu filho para comer todas as ervilhas não seja o único. Elogie seus desenhos, as roupas que ele escolhe, como arrumou bem os brinquedos e coisas do gênero, para que ele receba atenção por algo além de comer ou comer demais.

O que não fazer

Não ceda ao desejo dele de comer demais

Só porque seu filho quer mais comida, isso não significa que ele precisa, mas não o faça sentir culpa por querer repetir zombando dele, chamando-o de "porquinho", por exemplo. Para conhecer as porções individuais recomendadas, acesse o *website* do Nutrição em Foco (http://www.nutricaoemfoco.com/?p=48) ou peça ao pediatra de seu filho que faça um plano nutricional. Quando tiver certeza de que seu filho já comeu o suficiente, explique rapidamente por que ele não deve comer mais, pois ele é muito novo para dizer o motivo a si próprio.

Não ofereça guloseimas quando seu filho estiver chateado

Seu filho pode começar a associar comida a afeição, em vez de nutrição fisiológica, caso você tenha o costume de oferecer guloseimas para consolá-lo.

Não permita o costume de comer enquanto assiste à TV

Evite ensinar seu filho a associar TV e comida. Como as propagandas televisivas também bombardeiam seu filho com mensagens sobre alimentos, também é uma boa ideia limitar o tempo dele em frente à tela.

Não dê "porcarias" para seu filho comer no lanche

O que for permitido em lanches e refeições passará a ser a expectativa de seu filho. As preferências alimentares são adquiridas e não inatas.

Não caçoe de seu filho se ele estiver acima do peso

Zombar de seu filho só ajuda a piorar o problema, porque aumenta sua culpa e vergonha.

"Chega de biscoito!"

Aos 2 anos de idade, Rosa Hanlon já começava a ganhar a reputação de "saco sem fundo" nos eventos familiares e pré-escolares. Enquanto houvesse comida, Rosa continuava a comer. Ela parecia jamais ficar satisfeita.

"Não, chega de biscoitos, Rosa!", gritava a senhora Hanlon toda vez que flagrava a filha com a mão na lata de biscoitos, "Você já comeu biscoitos para a vida toda!". Mas nem as explosões de raiva nem a ameaça de tomar o triciclo de Rosa diminuíam seu desejo de comer até o último bocado da caixa ou do prato.

A senhora Hanlon resolveu consultar o pediatra para aprender a mudar os hábitos alimentares de Rosa. O médico elaborou um plano nutricional e sugestões de receitas especialmente para Rosa. No dia seguinte, ela pediu outra porção de mingau de aveia depois de ter comido a quantidade sugerida, mas a senhora Hanlon finalmente tinha uma resposta nem irada nem humilhante a dar: "Que bom que você gostou do mingau de aveia, Rosa. Amanhã tem mais. Agora vamos ler seu livro novo."

Como a senhora Hanlon sabia que a porção dada a Rosa era a adequada às suas necessidades nutricionais, ficou mais fácil para ela ser firme quando Rosa pediu mais mingau de aveia. Também ficou mais fácil para a senhora Hanlon planejar as refeições, porque conhecia as quantidades que bastariam para nutrir a filha.

A família Hanlon também reduziu o estoque de biscoitos, e assim Rosa começou a experimentar novos alimentos saborosos e mais nutritivos. A senhora Hanlon elogiava Rosa toda vez que ela escolhia um alimento mais saudável. "Adorei você ter escolhido a laranja para o lanche, em vez dos biscoitos."

Rosa começou a ouvir menos comentários sobre ser um "saco sem fundo" e recebeu muitos abraços e elogios por estar comendo frutas em vez de brigadeiro. Não só seus pais estavam felicíssimos por participar com ela de exercícios físicos e momentos divertidos, como Rosa também parecia estar se divertindo mais com seus amigos e professores.

A CRIANÇA SÓ FALA *NÃO*

Não é uma das palavras mais utilizadas por crianças pequenas porque é a palavra que os pais provavelmente mais utilizam. É célebre a tendência dos pequenos de subir, esbarrar e mexer no que não devem, e é célebre a reação dos pais: "Não! Não mexa aí!", "Não! Não abra isso!", "Não! Não faça isso!". A melhor forma de seu filho dizer *não* com menos frequência é limitar as oportunidades dele para fazer isso. Para isso, evite perguntas que tenham *sim* ou *não* como resposta e nem sempre tome a resposta como literal quando ela for *não*.

COMO PREVENIR O PROBLEMA

Conheça a personalidade de seu filho

Quando você conhece as necessidades e preferências de seu filho, sabe quando o *não* dele quer dizer *não* mesmo ou quando na verdade significa *sim* ou alguma outra coisa.

Pense antes de dizer *não*

Evite dizer *não* a seu filho quando você não se importa muito se ele fizer determinada coisa ou não.

Limite as perguntas que exigem sim ou não como resposta

Evite as perguntas às quais seu filho possa responder com "não". Pergunte a ele, por exemplo, *quanto* suco ele quer, e não *se* ele quer suco. Se quiser que ele entre no carro, não pergunte "Quer entrar no carro?". Diga "Agora vamos entrar no carro", e faça-o entrar!

Transforme seu não em outra coisa

Diga, por exemplo, "pare" em vez de "não" quando seu filho estiver fazendo algo que você não quer que ele faça.

Redirecione o comportamento de seu filho

Como geralmente você quer que seu filho pare de fazer determinada coisa quando diz *não* a ele, ensine outro comportamento para substituir o que você quer suprimir. Em um momento neutro, pegue a mão de seu filho e diga: "Venha cá, por favor." Pratique cinco vezes por dia, aumentando pouco a pouco a distância entre seu filho e você ao dizer "Venha cá, por favor" até que ele saiba vir a você de onde estiver, seja na sala, seja no *shopping*.

COMO SOLUCIONAR O PROBLEMA

O que fazer

Ignore o *não* de seu filho

Se você não tiver certeza do que seu filho quis dizer com *não*, presuma que na verdade ele quis dizer *sim*. Por exemplo, se ele não quiser o suco que acabou de dizer que "não" quer, não vai tomá-lo. Você acabará percebendo quando ele quer mesmo dizer *não*.

Conceda-lhe mais atenção por dizer *sim* do que por dizer *não*

Seu filho aprenderá a dizer *sim* se, quando ele balançar a cabeça positivamente ou disser "sim", você sorrir e elogiá-lo. Reaja positivamente dizendo algo como: "Que bom que você disse 'sim'" ou "Gostei de ver você respondendo 'sim' quando sua tia lhe fez aquela pergunta".

Ensine seu filho a dizer *sim*

As crianças com mais de 3 anos podem aprender a dizer *sim* se alguém lhes mostra como fazer isso. Diga a seu filho que você quer que ele diga *sim*. Quando ele disser, faça elogios como: "É bom ouvir você dizendo 'sim'" ou "Gostei de você ter respondido que sim". Depois diga: "Vou pedir para você fazer uma coisa para mim e quero ouvir o seu 'sim' antes de eu contar até cinco." Se ele disser sim, diga-lhe quanto gostou de ouvir o *sim* dele. Pratique isso cinco vezes por dia e você estará a caminho de ter um filho mais positivo.

Deixe seu filho dizer *não*

Mesmo que seu filho ainda tenha que fazer o que você quer (ou precisa) que ele faça, ele tem direito de dizer *não*. Quando você quiser que ele faça alguma coisa, mas ele disser "não", explique-lhe a situação. Diga, por exemplo: "Sei que você não quer recolher o giz de cera, mas quando tiver feito o que pedi vai poder fazer o que você quer." Isso transmite a seu filho a certeza de que você escutou o que ele disse e está levando os sentimentos dele em consideração – mas ainda é você quem manda.

O que não fazer

Não ria nem estimule o uso do *não*

Rir ou chamar a atenção para o exagero de *nãos* de seu filho só o incentivará a usá-los ainda mais para obter a sua atenção.

Não se zangue

Lembre-se de que a fase do *não* é normal no seu filho em idade pré-escolar e logo vai passar. Ficar zangado será interpretado como dar atenção a seu filho por ter dito *não*, e tudo o que ele está querendo é atenção e poder.

Nathan, o negativo

A palavra que Nathan Shelby, de 1 ano e oito meses de idade, mais gostava de falar era justamente a que seus pais menos gostavam de ouvir: não. *Como o pequeno Nate usava essa palavra para responder a qualquer coisa que lhe perguntavam, os pais começaram a ficar espantados com a obstinação dele. "Você não sabe dizer nada além de 'não'?", perguntavam ao filho, obtendo nada mais que a resposta de sempre.*

Então o casal Shelby tentou reduzir o número de vezes em que os dois diziam aquela palavra durante o dia, para ver se isso teria algum efeito sobre o vocabulário de Nathan. Em vez de dizer "Não, agora não" quando Nate pedia biscoito, diziam: "Sim, você vai poder comer biscoito depois do jantar." Mesmo que na prática ainda estivessem lhe dizendo não, a reação de Nate não foi negativa. Pelo contrário, ele aceitou a promessa dos pais e recebeu o biscoito imediatamente após o jantar.

À medida que seus pais substituíam o não *por* sim, *Nate começou a usar mais o* sim, *palavra que era saudada imediatamente com sorrisos, abraços e elogios dos pais satisfeitos. "Obrigado por ter dito 'sim' quando perguntei se você queria tomar banho", dizia a mãe. Estavam satisfeitos com a diminuição dos* nãos *do filho, em proporção direta aos elogios que ele recebia ao dizer* sim.

O casal também procurou limitar o número de perguntas que pediam sim *ou* não *como resposta. Em vez de perguntar a Nate se ele queria algo para beber no jantar, perguntavam: "Você vai querer suco de maçã ou leite?" Nate fazia sua escolha sem problemas. O esforço dos pais foi uma forma indolor de lidar com o negativismo do filho e, assim, eles logo viram seu lar ganhar um espírito mais positivo.*

A CRIANÇA BRINCA COM A COMIDA

Pegue uma criança de 1, 2 ou 3 anos, ponha-a diante de uma comida que ela não quer comer e – tcham! – você tem uma imundíce instantânea nas mãos, as suas e as dela, e provavelmente também no piso e na mesa. Quando seu filho começa a brincar com a comida em vez de colocá-la na boca, geralmente isso quer dizer que ele terminou de comer, saiba ele dizer isso ou não com palavras. Acostume-se a tirar a comida dele assim que esta se tornar uma arma ou brinquedo, mesmo que ele ainda esteja com fome. Isso vai lhe ensinar que a comida é para comer, não para brincar.

COMO PREVENIR O PROBLEMA

Não brinque com sua própria comida

Se você revolve as ervilhas com o garfo, mesmo que inconscientemente, seu filho vai presumir que também pode fazer isso.

Prepare um cardápio que seu filho vá gostar de comer

Para reduzir a probabilidade de sujeira, corte a comida do seu filho em pedaços que caibam na boca dele, fáceis de garfar e de mastigar.

Deixe as panelas e travessas de comida fora do alcance

Afaste seu pré-escolar da tentação de mexer e despejar por diversão.

Ensine ao seu filho boas maneiras à mesa em um momento neutro, sem comida

Seu filho precisa saber como você quer que ele aja em restaurantes e em casa porque não nasceu com boas maneiras à mesa já prontas! É melhor ensinar a ele quando vocês não estiverem jantando de verdade. Organize, por exemplo, alguns "chás" em que você poderá mostrar-lhe como usar a colher, restringir a comida à área do prato, não encostar na comida com a mão, dizer que já está satisfeito e assim por diante. Quando a criança tiver menos de 2 anos, ensine: "Diga 'acabei' e depois pode sair para brincar." Para a criança de 3 a 5 anos, diga: "Quando tocar o alarme, você vai poder sair da mesa. Me diga quando tiver acabado de comer que eu retiro o seu prato."

Converse com seu filho à mesa

Se você conversar com seu filho, ele não vai procurar outras formas de chamar a sua atenção, como brincar com a comida.

COMO SOLUCIONAR O PROBLEMA

O que fazer

Elogie os bons hábitos alimentares

Sempre que seu filho não brincar com a comida, diga como você gosta de vê-lo comer direito. Fale, por exemplo: "Estou gostando de ver você segurar as ervilhas no garfo" ou "Que bom que está usando o garfo para enrolar o macarrão como eu ensinei".

Transforme a brincadeira com a comida em motivo para perder o apetite

Se seu filho descumprir uma regra à mesa já estabelecida, diga-lhe quais serão as consequências, para provar para ele que brincar com a comida é intolerável. Diga, por exemplo: "Que pena que você meteu as mãos no purê de batata! Agora acabou o jantar."

Pergunte se seu filho acabou quando ele começar a brincar com a comida

Não presuma logo de início que seu filho está impossível. Pergunte-lhe porque está destrinchando seu bife, por exemplo, para conceder-lhe uma chance de se explicar (caso ele já saiba se expressar).

O que não fazer

Não perca a calma

Mesmo que esteja desgostoso e bravo com seu filho por desperdiçar a comida dele, talvez sua raiva seja o molho que ele quer para a refeição. Seu filho pré-escolar delicia-se em ter poder para influenciar o mundo (para o bem e para o mal). Não permita que a brincadeira com a comida se transforme em um meio de chamar a atenção. Ignore todas as brincadeiras não destrutivas com a comida que você conseguir tolerar à mesa.

Não desista

Se seu filho tiver que pagar o preço por ter brincado com comida, não desista: não deixe de cobrá-lo, mesmo que ele esteja gritando que é um preço muito alto. Ensine a seu filho que, toda vez que você estabelece uma regra, ela é para valer.

Desastre à mesa

A hora do jantar da família Langner mais parecia aula de artes do que refeição, pois o pequeno Nick, de 3 anos, tinha pegado a mania de lambuzar comida em volta do prato e de cuspir fora o que não agradava o seu paladar. Seus pais, enojados com as brincadeiras e o desperdício, tentavam fazer o filho parar gritando: "Não brinque com a comida!"

Mesmo depois da ameaça da mãe – "Se você fizer isso com as ervilhas de novo, vai sair da mesa" –, Nick continuou tentando acertar mais uma ervilha dentro do seu copo de leite. As palmadas também não adiantaram nada. Nick continuava comendo apenas alguns bocados antes de começar a dar seu feijão com salsichas às plantas mais próximas.

Assim, o casal Langner resolveu se antecipar ao momento em que Nick ficaria satisfeito. Quando eles percebiam que os olhos e mãos travessos do filho começavam a encontrar novos usos para as batatas fritas e as vagens, retiravam rapidamente o seu prato. A mãe de Nick também passava alguns minutos por dia ensinando o filho a dizer "acabei", palavra que ele usaria para sinalizar quando tivesse terminado de comer.

Os pais de Nick ficaram aliviados depois de três semanas seguidas sem nenhuma "arte" que usasse a comida como matéria-prima. Mas aí Nick resolveu ver como ficaria o creme de milho espalhado pela toalha de mesa. Felizmente, eles já tinham decidido qual seria a regra em caso de recaídas e explicaram-na a Nick com toda a calma: "Sempre que você fizer sujeira, vai ter que limpá-la." Em vez de gritar com Nick, mostraram a ele como fazer a limpeza.

Nick não ganhou atenção nenhuma por ter que limpar a sujeira sozinho e, depois de apenas três noites de limpeza, começou a dizer "Acabei". Ele descobriu que essa palavra funcionava como por encanto, e adorou receber os beijos e abraços dos pais, que diziam: "Obrigado por ter dito que acabou, Nick. Já vimos que você terminou de comer. Agora pode ir brincar com o seu caminhãozinho."

A família toda parecia aliviada por passar mais tempo falando de como Nick estava comendo direito do que como ele era destrutivo com a comida. O jantar com o filho estava mais curto, porém mais delicioso que nunca.

ARMAS DE BRINQUEDO

Muitos pais lamentam o fato de que os meninos pequenos, em particular, adoram fazer de todo objeto em que põem as mãos – de tacos de beisebol a cenouras – uma arma, imitando aquilo que veem na TV (sendo os meninos mais afetados pela TV violenta do que as meninas). A criança pequena não processa informações da mesma forma que o adulto, tampouco tem as ferramentas para avaliar aquilo que vê.

Existem indícios de que os pré-escolares que recebem armas e outros brinquedos violentos para brincar agem com mais agressividade do que aqueles que só assistem a um programa de televisão com conteúdo violento. Mas estudos mostram que, aos 3 anos de idade, as crianças imitam as pessoas que veem na TV com a mesma prontidão com que imitariam uma pessoa de verdade. Os resultados dos estudos sobre os efeitos da violência televisiva são sólidos: as crianças aprendem novas formas de agressividade e tiram conclusões sobre como ser agressivo pode ser gratificante.

As crianças que veem personagens de televisão conseguirem o que querem por meio do uso das armas têm mais probabilidade de imitar esses atos. Se os pais ignoram ou aprovam o uso de armas pelos filhos ou exibem comportamento violento, servem de exemplo para eles. Por outro lado, os pais que mostram aos filhos como resolver problemas sem recorrer à violência e que os elogiam constantemente por encontrar saídas pacíficas para conflitos mostram a eles como ser menos agressivos.

Assim, quando seu filho pré-escolar fizer da batata frita uma arma de faz de conta, não entre em pânico, mas também não ignore a brincadeira criativa dele. Ensine-lhe a importante lição de que machucar outras pessoas, mesmo que de mentirinha, pode ferir seus sentimentos. Lembre-se de que o comportamento dos adultos mais próximos à criança a estimula a ser bondosa ou cruel. Fique de olho no que você diz e faz – e na "explosividade" dos seus atos – para tentar conter o apetite de seu filho por brincadeiras violentas.

COMO PREVENIR O PROBLEMA

Faça da consideração uma regra da casa

Quando seu filho se comportar de maneira agressiva, elabore uma norma que mostre a ele o que é ou não permitido em matéria de fingir que está usando de violência. Diga, por exemplo: "A regra é tratarmos bem as pessoas para mostrar que nos importamos com elas. Você não pode mirar nos outros, nem mesmo de mentirinha, porque isso deixa a pessoa triste e com medo."

Pense antes de falar

Empregue palavras e um tom de voz que você não se importaria de ver seu filho repetir. Quando ele descumprir uma regra, por exemplo, em vez de ameaçar (mesmo que de brincadeira) "arrancar a cabeça dele se não parar", diga com calma: "Que pena que você desrespeitou a proibição de fingir que está atirando! A regra é tratar todo o mundo bem, e nunca machucar ninguém, nem de mentirinha."

Seja um exemplo de gentileza

Você é o primeiro e o principal exemplo de seu filho. Quando você o ouve, abraça, pede desculpas e respeita, ele aprende a se comportar de forma idêntica.

Aprenda a controlar sua raiva

O que detona uma "explosão" na criança é o mesmo que a detona em um adulto: raiva por causa de algo que está além do seu poder. Procure dizer a si próprio que você *espera* receber um aumento, *espera* que o trânsito esteja livre, *espera* que o seu vestido preferido ainda caiba em você, e assim por diante. Mas, se nenhum desses desejos se concretizar, não entre em colapso. Mantendo a calma, você dá um grande exemplo para seu filho em matéria de autocontrole quando as coisas não andarem da forma que você previu.

COMO SOLUCIONAR O PROBLEMA

O que fazer

Ensine a empatia

Quando seu filho fingir atacar os outros com armas de brinquedo ou outros objetos, considere esta uma oportunidade para ensinar. Pergunte a ele como se sentiria se atirassem nele com uma arma de brinquedo. Diga: "Armas são feitas para machucar. Como você ia se sentir se alguém fingisse que ia atirar em você? Eu não gostaria de assustar nem de ferir os outros. Espero que você também não goste."

Estimule a cooperação nas brincadeiras

A criança que aprende a gostar de brincar de construção, a repartir suas coisas com os outros e a participar de atividades sociais supervisionadas terá menores oportunidades de recorrer a brincadeiras violentas para se entreter. Elogie seu filho pré-escolar quando ele estiver se dando bem com os outros enquanto brinca, para que ele saiba que você aprova aquela interação positiva. Diga: "Estou gostando de ver vocês se dando bem e emprestando os brinquedos."

Restrinja programas de TV e jogos eletrônicos violentos

A afirmativa de que a criança pré-escolar gosta de imitar o que vê é fartamente comprovada. Quantas crianças já não foram vítimas de chutes de *kung fu* perpetrados por coleguinhas? Em um estudo canadense, verificou-se que as crianças ficaram muito mais agressivas dois anos depois que a TV ingressou em sua cidade. A forte identificação com um personagem de televisão e a crença de que a situação da televisão é realista estão associadas ao aumento da agressividade.

Você precisa saber a que seu filho anda assistindo e os jogos que vem jogando. Reduza a quantidade de violência a que ele é exposto estabelecendo uma regra a respeito do que pode assistir ou jogar, bem como um limite de tempo para fazê-lo. Tome posse do controle remoto da televisão e do interruptor do computador para manter a violência fora de casa e da imaginação de seu filho.

Quando seu filho assistir à TV, assista com ele

Certos estudos mostram que, quando um adulto assiste à TV com a criança e faz comentários a respeito dos programas, as crianças são capazes de lembrar mais detalhes e têm mais probabilidade de imitar o que viram. Como assistir à TV com um adulto pode realmente intensificar os efeitos positivos (ou negativos) do conteúdo sobre seu filho, é crucial que você escolha somente programas não violentos para seu filho ver e que converse com ele sobre ao que assistiram. Se você assistir a programas de TV violentos, seu filho não deve assistir com você.

Ensine seu filho a pedir desculpas

Quando uma criança empolgada tentar "atirar" em um parente ou colega com a régua, por exemplo, tome a "arma" dela e diga: "As armas machucam. A regra é tratar bem os outros e nunca feri-los, nem de mentirinha. Não vamos machucar as pessoas, vamos tratá-las bem. Por favor, peça desculpas ao Sam por ter apontado a arma para ele." Quando seu filho fizer o que você pediu, diga: "Que bom que você é amigo do Sam. Gostei de ver você mostrando que gosta dele."

Ensine seu filho a fazer concessões

Ajude seu filho a ser justo ao resolver conflitos. Quando você o vir ameaçando bater em um colega que tirou o brinquedo dele, por exemplo, diga: "Vamos pensar no que mais você pode fazer quando seu amigo pegar seu brinquedo e você quiser ele de volta. Você pode pegar o cronômetro e ajustá-lo como eu faço para o seu amigo brincar um tempo, e depois vai ser a sua vez. Assim vocês dois podem brincar e se divertir."

O que não fazer

Não bata!

Por mais que seja tentador bater na criança para "enfiar um pouco de juízo na cabeça dela" ou "dar-lhe uma boa lição", resista a esse impulso. Mesmo que você fique zangado e assustado quando vir seu filho atravessar a rua sem a sua permissão, bater nele por isso passa uma mensagem confusa: é permitido que eu bata em você, mas é proibido que você bata em mim ou nos outros. Pratique o que você prega. Os tapas ensinam a seu filho que é permitido bater nos outros para conseguir o que se quer. Até mesmo a ocasional palmada no bumbum transmite a mensagem amarga de que, se você for maior e mais forte, poderá bater para ganhar uma discussão.

Evite reações exageradas

Quando seu filho fingir que está atirando no irmão caçula com o lápis, por exemplo, fique calmo. Em vez de simplesmente proibir o ato, aproveite a oportunidade para ensinar dizendo: "Que pena que você não cumpriu a regra de tratar bem as pessoas! Repita para mim a regra e agora mostre como tratar direito o seu irmão."

Não ameace

Se você ameaçar seu filho com surras de colher de pau quando ele finge que bate na irmã com um bicho de pelúcia, só o ensinará a ter medo de você. Para seu filho, a ameaça é uma promessa vã e um exemplo de como os adultos não mantêm a palavra. Em vez de ameaçá-lo com uma reação violenta do tipo: "Se você fingir que está atirando no seu irmão de novo com esse tubo de papelão, vai ganhar uma sova", simplesmente diga: "Que pena que você resolveu descumprir a regra de nunca fingir que machuca os outros! Quero que você pense em como ficaria com medo se alguém mirasse em você com uma arma."

Kyle, o "matador"

O que quer que Kyle Liggett, de 3 anos, tivesse nas mãos transformava-se em pistola, faca ou espada. Aí ele atirava, apunhalava ou cortava qualquer "bandido" que estivesse à vista. A mãe de Kyle, Diane, estava perplexa. Estava certa de que, se não trouxesse armas de brinquedo para casa, o filho não brincaria de forma tão violenta. Gary, o pai de Kyle, só fazia rir daquela preocupação toda. "Ah, Diane, menino é assim mesmo. Olha, eu brinquei com armas de mentira quando era pequeno e você não me vê atirando nos outros por aí."

"Mas ele transforma qualquer coisa em arma", lamentou Diane. "Hoje, no almoço, ele mordeu o sanduíche para deixá-lo com formato de pistola e começou a fingir que estava atirando em mim. Deu até medo ver o olhar perverso dele enquanto apontava aquela 'arma' para mim."

"Quando ele fizer isso, você tem que bater nele", respondeu Gary. "Isso vai ensiná-lo a não apontar armas nem de brincadeira."

"Não vou bater nele", disse Diane, indignada. "Não faz o menor sentido machucá-lo para ensinar-lhe que não deve machucar ninguém. Eu conversei com a mãe do Josh, a Amy, e ela disse que o puseram para pensar no que os outros sentiam quando estavam sob a mira de uma arma. Ela também proibiu desenhos de kung fu *e outras coisas violentas dentro da casa deles. Sempre que o Josh escolhia ver esse lixo, ela desligava a TV. Ela me disse que ele entendeu o recado."*

"Bem, vamos tentar isso", sugeriu Gary. "Aliás, acabei de pensar em outra coisa que é melhor eu parar de fazer. Sabe aquelas coisas que eu sempre digo? Como 'Se você continuar com isso, vou arrancar o seu braço!'? Acho que assim o Kyle fica com a impressão de que, se você estiver com raiva de alguém, tem permissão para machucá-lo."

Durante as semanas seguintes, os pais de Kyle suprimiram suas mensagens de violência. Em vez de ameaçá-lo quando ele brincava de "tiro ao alvo" com as pessoas, diziam-lhe coisas do tipo: "Que pena que você resolveu apontar armas para os outros! A arma pode até matar, por isso as pessoas ficam com medo quando você mira nelas. Vamos usar essa régua para brincar de escola, em vez de brincar de machucar os outros com ela. Ponha a régua no papel e veja como a linha sai certinha se você desenhá-la com o lápis."

"É impressionante", disse Diane a Gary. "Andei pegando o Kyle toda vez que ele usa uma arma de mentira e mostrando outra coisa que ele pode fazer com o objeto. Agora ele anda dizendo 'mamãe não gosta desse programa' toda vez que vê alguém machucando outra pessoa na TV."

Gary riu e disse: "Ouvi o Kyle brincando com o Josh. Eles começaram a brincar de atirar um no outro quando o Kyle disse: 'Não é legal atirar nos outros. Isso deixa a pessoa triste. Vamos brincar com meus caminhões e as outras coisas."

Kyle não tinha permissão para brincar de atirar em ninguém em casa, na pré-escola, na igreja, nem em nenhum outro lugar. O casal Liggett não acreditava que Kyle tivesse intenção de ferir alguém, mas eles sabiam que os outros talvez não conhecessem tão bem as suas motivações. Infelizmente, o uso de violência por parte de uma criança contra a outra não era mais só uma brincadeira. Queriam que Kyle entendesse que a vida é preciosa e ferir os outros é errado, uma mensagem que gostariam que toda criança tivesse a sorte de ouvir de pais amorosos.

A CRIANÇA NÃO QUER IR PARA A CAMA

A criança pré-escolar mais ativa e energética faz de tudo para não ir dormir. Ela transforma a hora de dormir (ou de cochilar) em hora de perseguir, hora de gritar, hora de procurar mais um livro para ler – tudo para adiar o sono que tanto odeia. Não importa qual seu filho ache ser a hora certa para dormir: defenda com firmeza a hora que *você* escolheu. Mas ajude seu filho a desacelerar gradualmente, em vez de querer que ele desligue o motor de uma vez só.

Observação: Como a necessidade de sono de seu filho muda com a idade, você pode precisar deixá-lo dormir até mais tarde ou diminuir a soneca dele quando ele for crescendo. Cada criança tem uma necessidade de sono diferente (até na mesma família). Seu filho de 2 anos pode não precisar do mesmo tempo de sono de que seu irmão mais velho precisava quando tinha a mesma idade.

COMO PREVENIR O PROBLEMA

Estabeleça uma rotina para ir dormir

Faça do fim do dia ou da soneca um momento especial entre seu filho e você, incluindo no ritual da hora de dormir um poema ou história. Procure fazer deste um momento único, para que seu filho o aguarde com expectativa. Experimente cantar uma cantiga de ninar ou conversar sobre os acontecimentos do dia, mesmo que só você fale.

Faça do exercício um hábito diário

Faça seu filho exercitar-se bastante durante o dia, para ajudar o corpo dele a comunicar à mente que é uma boa ideia ir para a cama.

Faça-o cochilar em horários regulares

Não deixe seu filho adiar a soneca até o fim da tarde ou início da noite se quiser que ele vá para a cama às oito. Faça-o deitar para o cochilo cedo, pois assim ele estará cansado na hora de dormir à noite.

Passe um tempo com ele antes de ir para a cama

Brinque com seu filho antes da hora de dormir, para que ele não lute contra o sono só para chamar a sua atenção.

Coloque-o para dormir sempre à mesma hora

Determine a quantidade de sono de que seu filho precisa, observando como ele age quando cochilou e quando não cochilou, e quando foi para a cama às nove horas, em vez de às sete. Estabeleça uma rotina de sono rigorosa que atenda às necessidades dele e ajuste-a conforme ele for crescendo.

COMO SOLUCIONAR O PROBLEMA

O que fazer

Administre o ritual da hora de dormir usando um cronômetro

Uma hora antes da hora de dormir (ou de cochilar), acerte o cronômetro para marcar cinco minutos e avise que o relógio vai dizer a seu filho qual a hora de começar a ir para a cama. Isso evita surpresas e ajuda-o a ter em vista o que vai acontecer. Quando o alarme tocar, diga: "O relógio avisou que está na hora de se preparar para dormir. Vamos tomar banho e pôr o pijama." Então acerte o cronômetro de novo e diga: "Vamos ver se a gente consegue ficar pronto antes de o relógio tocar." Assim você terá a oportunidade de elogiar o esforço de seu filho para cumprir os preparativos básicos para dormir.

Deixe tempo suficiente para que ele conclua a tarefa. Quando ele terminar todos os preparativos, acerte o cronômetro para o restante da hora que você reservou e anuncie: "Você ganhou do relógio. Agora você pode continuar acordado e brincar até o alarme tocar de novo chamando a gente para dormir. Agora vamos acertar o relógio para escovar os dentes, beber água e ir ao banheiro (se ele tiver idade)." A prática do relógio ajuda você e seu filho a transformarem a hora de dormir em uma brincadeira, em vez de uma luta.

Cumpra os mesmos rituais, não importa a hora

Mesmo que a hora de dormir tenha se atrasado por algum motivo, cumpra os mesmos rituais para ajudar seu filho a entender o que se espera dele na hora de ir para a cama. Não chame a atenção dele para o fato de ter ido dormir tarde. Acelere o passo ajudando-o a vestir o pijama e a pegar algo para beber e acerte o cronômetro para intervalos mais curtos. Mas não omita nenhuma etapa.

Siga as etapas sempre na mesma ordem

Como as crianças pré-escolares acham reconfortante ter uma rotina, faça seu filho tomar banho, escovar os dentes e vestir o pijama na mesma ordem todas as noites. Peça-lhe que diga a próxima etapa dos preparativos para transformá-los em uma brincadeira e fazê-lo se sentir no comando.

Ofereça recompensas por seu filho ter ido para a cama

Receba seu filho ao acordar com a notícia de que ir para a cama sem criar problemas vale a pena. Diga: "Como você foi para a cama sem malcriação, vou ler mais uma historinha para você."

O que não fazer

Não deixe seu filho controlar a hora de ir dormir

Seja firme quanto à hora de dormir que você escolheu, mesmo que seu filho resista a ela. Lembre-se de que você sabe por que ele não quer ir para a cama – e por que ele deve ir. Diga para si mesmo: "Ele só está chorando porque não quer parar de brincar, mas sei que ele vai brincar mais feliz amanhã se for dormir agora."

Não ameace nem bata nele

Ameaçar ou bater em seu filho para obrigá-lo a se deitar pode provocar pesadelos e medo, sem falar no remorso e na contrariedade que você vai sentir quando essa atitude persistir. O castigo não ensina a criança a se comportar direito. Em vez de fazer isso, use o relógio como autoridade neutra para determinar quando é hora de ir para a cama.

Não remoa o passado

Dizer, por exemplo: "Como você não foi para a cama noite passada, hoje de manhã não vai poder ver TV" não ajuda seu filho a ir para a cama no horário. Concentre-se no futuro e não no passado.

Ben contra a hora de dormir

A noite na casa da família Shore era sinônimo de um trágico cabo de guerra entre o menino Ben, de 3 anos, e seu pai quando era anunciada a hora de o pequeno ir para a cama. "Não tô com sono! Não quero ir pra cama! Quero ficar acordado!", teimava Ben toda noite, enquanto era arrastado para a cama pelo pai irritado.

"Eu sei que você não quer ir dormir", respondia o pai, "mas quem manda aqui sou eu, e estou dizendo que agora é hora de ir para a cama!". Obrigar o filho a ir para a cama era tão desagradável para o senhor Shore quanto a hora de dormir era para Ben. Apesar de o senhor Shore acreditar que deveria ser o chefe, ele sabia também que devia existir alguma maneira de evitar aqueles confrontos – e evitar que Ben chorasse até dormir todas as noites.

Na noite seguinte, o senhor Shore resolveu se controlar e deixar outra coisa – o cronômetro de cozinha – controlar o horário de ir para a cama. Uma hora antes de Ben ir dormir, ele acertou o cronômetro para cinco minutos. "Hora de começar a se arrumar para dormir", explicou o senhor Shore para seu filho curioso. "Se você tiver se arrumado para dormir antes de o relógio tocar, vamos acertar o cronômetro de novo e você vai poder continuar acordado e brincar até o alarme tocar outra vez."

Ben apressou-se e ficou pronto para dormir antes de o cronômetro tocar. Conforme prometera, o senhor Shore acertou o cronômetro de novo, leu as histórias de animais de que Ben mais gostava e cantou-lhe canções de ninar inéditas até o alarme tocar de novo, quase uma hora depois. "Agora é hora de dormir, né?", anunciou Ben, contentíssimo por ter entendido a nova brincadeira.

"Isso mesmo! Estou orgulhoso por você ter se lembrado da regra nova", respondeu-lhe o pai.

Quando os dois foram andando para a cama, o senhor Shore reforçou quanto estava orgulhoso do filho por ele ter se arrumado sozinho para dormir. Usar o cronômetro para controlar o ritual da hora de dormir ajudou-os a desfrutar de uma noite tranquila pela primeira vez em vários meses. Algumas semanas depois de cumprir essas etapas, ir para a cama nunca chegou a ser um momento esperado, mas estava longe de ser uma guerra entre Ben e seu pai.

A CRIANÇA NÃO QUER SE SENTAR NA CADEIRINHA DO CARRO

A cadeirinha e os cintos de segurança são o inimigo número um do pré-escolar ávido por liberdade. Os pequenos indômitos não entendem por que precisam ficar presos, mas *conseguem* entender a regra que diz que o carro não deve sair do lugar até que todos estejam com o cinto ou presos à cadeirinha. Garanta a segurança de seu filho toda vez que ele entrar em um carro fazendo valer a regra dos cintos de segurança. O hábito de usar o cinto acabará tornando-se natural para ele – hoje passageiro, amanhã motorista – se você não negligenciar jamais a aplicação dessa regra que pode salvar vidas.

A lei determina que bebês e crianças usem o cinto em veículos motorizados. Os cintos e as cadeirinhas com selo do Inmetro têm especificações de idade e peso para tornar o passeio de carro o mais seguro possível para seu filho. Os bebês devem ficar em bebês-conforto voltados para a traseira do carro pelo menos até completarem o primeiro ano *e* pesarem pelo menos 9 kg. Quando a criança ficar grande demais para o bebê-conforto, passe-a para a cadeirinha voltada para a frente, para o assento conversível e, por fim, para o banco auxiliar, de acordo com sua idade e seu peso.

Uma das principais causas de morte de crianças é o trauma por acidentes de automóvel. A criança que não está com cinto ou na cadeirinha continua a ir para a frente se o carro para de repente. Ela vai colidir com o que quer que esteja no caminho – o painel, o para-brisa ou a parte de trás do assento da frente – com impacto equivalente à queda da altura de um andar para cada 16 km/h de velocidade do carro. Mesmo que o painel e a traseira do assento da frente sejam acolchoados, o impacto de uma colisão a 80 km/h pode causar grandes estragos ao pequeno corpo da criança. Um trauma assim pode ser evitado assegurando-se sempre que as crianças estejam bem afiveladas. *Nunca* deixe de aplicar a regra do cinto, pois você pode estar arriscando a vida de seu filho.

Observação: O número de mortes de bebês pode ser reduzido em quase três quartos e o número de ferimentos de crianças de 1 a 4 anos pode ser reduzido pela metade usando-se cadeirinhas para carro devidamente instaladas. Para maiores informações sobre cadeirinhas e bebês-conforto, veja o *website* do Denatran em http://www.denatran.gov.br/publicacoes/publicacao.asp.

COMO PREVENIR O PROBLEMA

Deixe espaço para seu filho respirar

Veja se ele tem espaço para mexer os braços e as pernas e ainda assim está bem fixo no lugar.

Estabeleça a regra de que o carro não sai do lugar até todos estarem com o cinto

Se você aplicar essa regra desde o começo, seu filho vai acabar se acostumando com a ideia de ficar na cadeirinha e, no futuro, de usar um cinto de segurança.

Faça seu filho ter orgulho de estar em segurança

Explique a seu filho o porquê da mudança para uma cadeirinha maior ou para o cinto de segurança. Assim ele terá orgulho de usar o cinto. Diga, por exemplo: "Você já está ficando um rapazinho. Ganhou uma cadeira nova!"

Não reclame por ter de usar o cinto

Comentar com seu cônjuge ou amigo que detesta usar o cinto de segurança dá a seu filho um motivo para também não usar o dele.

Realize um treinamento

Informe a seu filho como você quer que ele se comporte no carro. Passeie de carro pelo bairro com um dos pais ou um amigo dirigindo e o outro elogiando a criança por continuar sentada direito na cadeirinha. Diga, por exemplo: "Hoje você está sentado direitinho na cadeirinha" ou "Estou gostando de ver você sentado direitinho" enquanto o acaricia e afaga.

COMO SOLUCIONAR O PROBLEMA

O que fazer

Use o cinto você também

Não se esqueça de usar o seu cinto e de destacar que seu filho também está usando o dele, para que ele não se sinta sozinho em seu confinamento temporário. Se você não usar o cinto, seu filho não vai entender por que ele tem de fazê-lo.

Elogie quando seu filho aceitar o cinto

Se você ignorar seu filho quando ele estiver se comportando bem no carro, ele poderá sentir a necessidade de chamar a atenção, inclusive tentando sair da cadeirinha ou tirando o cinto de segurança. Estimule seu filho a se comportar bem no carro conversando com ele e brincando de algum jogo de palavras; elogie também o fato de ele permanecer sentado onde está.

Persista

Pare o carro tão rápida e seguramente quanto possível toda vez que seu filho sair da cadeirinha ou tirar o cinto, ensinando-lhe que a regra será aplicada sempre. Diga: "O carro só vai andar quando você voltar para a cadeirinha (ou puser o cinto) porque você tem que ficar protegido."

Desvie a atenção de seu filho

Tente promover atividades como jogos com números ou palavras, brincar de "achou", cantigas e coisas do gênero para que seu filho não tente sair da cadeirinha por falta do que fazer.

O que não fazer

Não dê atenção a atitudes de afronta de seu filho a não ser que ele desate o cinto ou saia da cadeirinha

Se você não der atenção ao choro ou aos resmungos de seu filho enquanto ele estiver com o cinto, isso o ajudará a perceber que não adianta nada protestar contra a regra do uso do cinto. Diga a si próprio: "Sei que meu filho está mais seguro na cadeirinha e só vai demorar um pouco para aceitá-la. A segurança dele é minha responsabilidade e, ao exigir que ele use o cinto, estou sendo responsável."

Jacob à solta

Stephen Brenner adorava levar o filho de 4 anos, Jacob, quando saía para resolver coisas pela cidade, até o momento em que o menino percebeu como receber toda a atenção do pai: bastava desatar o cinto de segurança e ficar pulando no banco de trás. "Nunca mais solte esse cinto, mocinho!", ordenava o senhor Brenner quando via o filho à solta.

Mas a mera exigência de não soltar o cinto não resolveu o problema, portanto o senhor Brenner achou necessário aplicar castigos mais duros e físicos. Embora nunca tivesse batido no filho antes, aplicava-lhe uma palmadinha no bumbum toda vez que o flagrava perambulando à solta pelo banco de trás.

Para poder bater no filho, o senhor Brenner precisava parar o carro. Toda vez que fazia isso, Jacob corria de volta para o lugar e recolocava o cinto para evitar a sova. Assim, o senhor Brenner resolveu que, em vez de bater em Jacob, iria parar o carro e recusar-se a continuar o passeio até o filho colocar o cinto. O senhor Brenner sabia que Jacob não tinha paciência para ficar muito tempo no mesmo lugar, mesmo que não quisesse ir para onde estavam indo.

O senhor Brenner experimentou o novo método na vez seguinte em que foram ao parque. Quando Jacob tirou o cinto no meio do caminho, o senhor Brenner parou o carro. "Só podemos ir para o parque quando você estiver de volta na cadeirinha e usando o cinto", explicou. "É muito perigoso andar sem o cinto." O senhor Brenner cruzou os dedos, torcendo para Jacob voltar para o lugar, porque sabia que o filho estava doido para ir ao parque. Jacob cooperou.

Alguns quilômetros depois, Jacob voltou a tirar o cinto e o senhor Brenner parou o carro. Mas não bateu no filho, simplesmente repetiu a regra: "O carro só anda quando você estiver de volta no lugar." Jacob voltou para o lugar e calmamente colocou o cinto. O senhor Brenner disse-lhe: "Obrigado por ter voltado para o lugar", e voltaram para casa sem incidentes.

Isso, porém, não acabou com o problema. Da outra vez em que Jacob se soltou, o senhor Brenner ficou tão bravo que teve vontade de gritar com ele de novo, mas persistiu no novo método. Começou também a incluir Jacob nas conversas e a elogiar quando ele agia conforme as regras de segurança. Pouco tempo depois, o senhor Brenner tinha voltado a gostar dos passeios com o filho, com a certeza de que estavam passeando de um modo seguro.

A CRIANÇA RESISTE A MUDANÇAS

"Não! A *mamãe* que faz!", guincha seu filho quando seu marido tenta dar banho nele, dizendo que aquela tarefa é "da mamãe". A mudança pode ser difícil para as pessoas, mas para os menores de 6 anos é particularmente difícil. É ainda pior para a criança que nasceu com um temperamento que prefere *tudo* de forma rotineira e previsível. A criança pré-escolar não tem muita experiência em enfrentar mudanças, portanto, quando você pede a ela que se apronte para sair no meio de uma brincadeira com o amiguinho, é provável que ela tenha um chilique. É comum que os pré-escolares achem a uniformidade previsível mais segura, mas às vezes sua necessidade de segurança beira a absoluta inflexibilidade. Ajude a criança relutante a aprender a seguir o fluxo dos acontecimentos com mais flexibilidade, para aumentar suas chances de aguentar bem os baques da vida.

COMO PREVENIR O PROBLEMA

Promova um ambiente tolerante a erros

Ao dizer a seu filho que o erro dele não é o fim do mundo, você o ajuda a entender que ninguém é perfeito. Essa lição lhe será de grande serventia à medida que ele ganhar experiência em se recuperar das adversidades. Diga: "Que pena que você derramou o leite! Vamos ver como limpar isso. Todo o mundo tem seus acidentes."

Ensine a seu filho como tomar decisões

Como seu filho quer se sentir o senhor do próprio destino, deixe-o tomar algumas decisões simples. Escolher entre dois cereais, dois pares de meias e dois brinquedos, por exemplo, faz que ele sinta que controla o próprio mundo.

Respeite a individualidade de seu filho

Você pode ter feito as pazes com as mudanças há muito tempo, mas seu filho pode ter mais dificuldade em fazer o mesmo devido ao temperamento dele. Entenda que cada criança tem um temperamento, até dentro da mesma família. Evite dizer: "Não seja assim!" quando a inflexibilidade de seu filho está a toda. Em vez disso, diga: "Sei que para você é difícil trocar de babá. Mas você consegue. Vai ficar tudo bem."

Lembre às crianças que elas fazem parte da família

Todo o mundo quer sentir que faz parte de determinado grupo. Então diga constantemente a seu filho que ele é um membro valioso da família e estimule a participação dele, pedindo-lhe que ajude em casa. Diga: "Obrigado por ter recolhido e guardado seus brinquedos. Você está ajudando nossa casa a ficar limpa e bonita."

COMO SOLUCIONAR O PROBLEMA

O que fazer

Desenvolva o poder de recuperação emocional de seu filho

A criança que sabe se recuperar da adversidade vê a mudança como um desafio a ser vencido. Por outro lado, a criança inflexível resiste à mudança o máximo que pode. Dizer a seu filho que ele *tem direito* a fazer alguma coisa em vez de que *tem* de fazê-la transforma seu medo e sua sensação de descontrole em empolgação. Ajude-o a se estruturar para a mudança dizendo, por exemplo: "Hoje você vai ter uma babá diferente. Ela vai ser muito legal. Não é legal conhecer gente nova?"

Ensine seu filho a lidar com a mudança

A criança que recebe instrução para lidar com as mudanças fica mais preparada para lidar com o desafio. Diga, por exemplo: "Essa camisa nova é linda. Não tem problema se você não puder usar a azul velha hoje. Você vai se sentir muito bem usando a amarela novinha."

Estipule metas para a aceitação de mudanças

A criança sente que obtém mais controle sobre o seu destino quando tem bastante tempo para pensar e se preparar para a mudança. Você pode ajudar seu filho a aceitar melhor a mudança fazendo-o estabelecer metas para lidar com ela. Diga, por exemplo: "Vamos ao zoológico com a sua turma amanhã. Vai ser legal. Vamos ao zoológico para nos divertir." Então lembre-o da meta pedindo-lhe que a repita para você. Pergunte a ele: "Para que nós vamos ao zoológico?" Quando ele disser "Eu vou ao zoológico para me divertir", diga: "Isso mesmo, você vai ao zoológico para se divertir."

Ensine seu filho a resolver problemas

Quando a criança defronta com a mudança e não sabe o que fazer, ofereça-lhe escolhas limitadas, para ajudá-la a perceber quais são as suas opções. Diga, por exemplo: "Sei que você não quer mudar para a cama grande. Vamos pensar no que podemos fazer para facilitar a mudança. Quem sabe levar seu ursinho para a cama nova com você, para lhe fazer companhia?"

O que não fazer

Não enfrente a resistência do seu filho com raiva

A criança que está triste ou brava com a mudança precisa de muito apoio e empatia para diminuir a ansiedade. Ao irritar-se com seu filho por ser inflexível, você só aumenta a sensação de desamparo dele.

Não tenha reações exageradas ao erro

Se você perde a calma quando seu filho entra em casa com os sapatos sujos, isso transmite a ele a impressão de que só é amado se não comete erros, os quais (por ser uma criança pequena) provavelmente vai cometer várias vezes por dia. Trate os erros como café pequeno. Mostre para ele como corrigir seu comportamento tratando os erros como momentos para aprendizado – e não momentos aterrorizantes. Diga: "Vá pegar o papel-

-toalha para limparmos isso. Se trabalharmos juntos, vai ficar limpo em um instante."

O plano da xícara e da tigela

Julia Bardwell só tinha 2 anos e meio de idade, mas possuía ideias próprias como gente grande. Ela sabia o que queria e como queria, e seus pais, Dena e Jim, não eram bobos de contrariar as suas vontades. Se não era uma briga para usar a xícara azul em vez da amarela no café, era uma guerra para usar outra coisa além de seus shorts *verdes e camisa rosa. Quando defrontada com a mudança, Julia inicialmente resistia, depois gritava, e por fim derretia-se em uma inconsolável lamúria chorosa.*

Dena e Jim queriam que Julia aprendesse a lidar melhor com as mudanças. Jim sabia que estipular metas no trabalho o havia ajudado a continuar concentrado e não se dispersar na ansiedade de querer ver tudo resolvido. Ele achou que Julia poderia enxergar além do medo que sentia de mudanças se tivesse uma meta com que se preocupar.

Dena e Jim decidiram que a primeira meta de Julia envolveria sua recusa terminante em usar pratos diferentes no café. Quando ela conseguisse aprender a ser mais flexível na escolha da louça, esperavam que ela se mostrasse menos rígida com relação às outras mudanças. Então conversaram com Julia sobre a compra de um jogo de canequinha e tigela para o café, que deixariam que ela escolhesse.

Naquela noite, Dena disse: "Julia, vamos combinar algo para amanhã de manhã. Acho que seria uma boa ideia você decidir que vai se divertir amanhã com sua tigela e caneca novas, quando tomar o café." Julia olhou para a mãe e fez que sim, mas Dena não sabia ao certo se a ideia de objetivo havia sido compreendida. Depois de alguns minutos, Dena disse: "Julia, lembra do combinado para amanhã de manhã? Você vai se divertir com sua caneca e tigela novas." Dessa vez Julia respondeu: "Sim, eu lembro." O casal Bardwell repetiu o lembrete mais algumas vezes naquela noite. Até a levaram à cozinha para dar uma olhada na caneca e na tigela novas em folha sobre o balcão.

No café da manhã seguinte, Julia foi contente para a mesa, dizendo: "Cadê minha tigela e caneca novas?" Dena e Jim viram que estavam na pista certa. Conseguiriam colaborar para Julia aceitar melhor as mudanças ajudando-a a esperar coisas positivas delas. Alguns dias depois da estreia da tigela e da caneca, Dena e Jim disseram: "Julia, vamos usar a caneca e a tigela azuis velhas amanhã, no café." "Não!", gritou Julia. "A xícara e a caneca novas! Eu quero as novas!"

Dena e Jim não disseram nada do tipo "teimosa como uma mula" como antes. Em vez disso, resolveram ajudá-la a estipular uma nova meta. Naquela noite, Dena disse: "Julia, vamos combinar outra coisa para o café de amanhã. Queria que você usasse o jogo de caneca e a tigela azuis." Mais tarde, Dena perguntou: "Julia, qual é o combinado para o café de amanhã". Julia pensou um instante e respondeu: "A caneca e a tigela azuis?" "Isso mesmo", disse Dena. "Amanhã vamos usar as azuis. Que bom que você se lembrou do novo combinado!"

Embora Dena e Jim não tivessem certeza de que esse exercício daria frutos, ficaram encantados quando viram Julia começar a tratá-lo como uma brincadeira e ficar cheia de expectativa para ouvir cada novo objetivo. Eles sabiam que Julia conseguiria se acostumar às mudanças desde que fosse preparada para elas. Agora tinham um plano que contentava a família inteira. Sua perseverança fora recompensada.

RIVALIDADE ENTRE IRMÃOS

O irmão que dedura a irmã e o ódio ao irmãozinho novo desde o primeiro dia em que ele invade a família são apenas dois exemplos de como a rivalidade entre irmãos é o caos para as relações familiares. Como as crianças pré-escolares adoram pôr as asinhas de fora em busca de independência e importância, brigam muito com os irmãos por espaço, tempo e para estar em primeiro lugar no mundo que acham mais importante para eles: a família. Mesmo que a rivalidade entre irmãos faça parte da natureza humana, sua frequência pode diminuir se você mostra para cada filho pré-escolar que ele é especial. Para reduzir a rivalidade entre irmãos a um mínimo controlável, ensine a seus filhos que conviver bem resulta em algo que eles querem: atenção e privilégios.

COMO PREVENIR O PROBLEMA

Prepare seu filho para a chegada do bebê

Converse com seu primeiro filho (se ele tiver mais de 1 ano) como ele será incluído na vida do bebê que vai chegar. Conte-lhe como será a nova rotina da família e como vocês esperam que ele ajude. Assim ele vai sentir que tem uma participação importante no afeto e no zelo pelo novo irmãozinho ou irmãzinha.

Brinque com seu filho mais velho, esteja o bebê acordado ou dormindo

Para diminuir a rivalidade entre irmãos associada ao novo bebê, não deixe de brincar com seu filho mais velho quando o nenê estiver acordado, e não só quando estiver dormindo. Isso evitará que seu filho mais velho conclua que você só lhe dá atenção quando o bebê não está por perto. Ao ficar com seu filho, seja lá o que o bebê esteja fazendo, você o faz pensar: "Mamãe me dá atenção com ou sem o bebê por perto. Até que esse neném não é tão ruim assim!"

Estabeleça metas realistas de bom convívio

Não espere que seu filho morra de amores pelo bebê na mesma medida que você. Ele pode ser mais velho que o bebê, mas ainda assim precisa de muita atenção individual.

Reserve momentos a sós entre você e cada filho

Mesmo que você tenha meia dúzia de pré-escolares para cuidar, procure reservar momentos apenas para você e cada um deles (um banho, um passeio ou uma ida ao supermercado, por exemplo). Assim você focalizará sua atenção nas carências de cada criança e obterá informações sobre sentimentos e problemas que talvez não apareçam em meio à turba de casa.

Crie murais de artes separados (para pais de crianças gêmeas ou de idade próxima)

Exponha os frutos da criatividade de cada filho em um lugar só dele, para assegurar a cada um deles que seu esforço merece atenção individual.

COMO SOLUCIONAR O PROBLEMA

O que fazer

Deixe o cronômetro determinar de quem é a vez

Quando seus filhos brigarem pela sua atenção exclusiva, deixe o cronômetro determinar de quem é a vez. Assim seu filho aprenderá a repartir o tempo com você e cada criança saberá que chegará a vez dela de ser o objeto número um da sua atenção.

Ofereça alternativas à briga

Deixar que a briga pegue fogo e saia de controle não ensina seus filhos a conviverem bem. Em vez de permitir lutas, deixe uma escolha a seus filhos: "Vocês podem brincar juntos sem brigar ou podem brigar e ficar separados no tempo para pensar." Inicie-os no hábito de fazer escolhas para que tenham a sensação de controlar a própria vida e para ajudá-los a aprender a tomar as próprias decisões.

Defina o que entende por bom convívio

Seja específico ao elogiar seus filhos por brincarem juntos sem problemas, para garantir que sabem o que você quer dizer com *bom convívio*. Diga: "Que bom ver vocês dividindo os brinquedos e brincando direitinho! Gosto tanto quando vocês convivem bem. Assim brincar junto é mais gostoso."

O que não fazer

Não reaja à delação

Uma criança dedura a outra porque quer subir no conceito dos pais. Impeça este jogo de inferiorização dizendo "Que pena que vocês não estão se dando bem!" e fingindo que não ouviu o dedo-duro. Mesmo que alguma atitude perigosa tenha sido delatada, você pode fazer cessar a atividade e ainda assim ignorar a delação.

Não faça uma criança dedurar a outra

Não peça a seu filho mais velho que lhe conte o que a irmãzinha está fazendo. Essa não é uma boa forma de ensinar a seus filhos como conviver bem.

Não fique triste se seus filhos não se adorarem o tempo todo

Não é possível que duas crianças morem na mesma casa sem *nem um pouco* de rivalidade. Reduza o conflito ao mínimo recompensando o bom convívio e não permitindo que a rivalidade desemboque em brigas.

Não guarde mágoas

Depois que o conflito estiver sanado, não lembre aos seus filhos que eles já foram inimigos. Recomece do zero e ajude-os a fazer o mesmo.

A guerra dos Starr

A guerra constante entre Jason Starr, de 4 anos, e sua irmã de 2, Julie, fazia seus pais se perguntarem por que haviam tido filhos. As crianças obviamente não davam valor ao sacrifício que os pais haviam feito para lhes comprar boas roupas, brinquedos e comida.

Morder e implicar eram as formas preferidas de Jason de "descontar" na irmã quando ele achava que ela estava chamando mais a atenção dos pais do que ele. Os castigos físicos obviamente não estavam funcionando, porque Jason parecia querer ouvir gritos e levar bordoadas sempre que começava a chatear a irmã.

A única vez em que a senhora Starr presenciou o filho sendo bom com a irmã foi quando ele a ajudou a atravessar uma poça congelada na entrada da garagem. A senhora Starr ficou tão agradecida pelo pequeno ato de cortesia, que disse ao filho: "Adorei ver você ajudando sua irmã. Estou muito orgulhosa de você." O casal Starr resolveu incentivar essas gentilezas raras despejando elogios toda vez que os filhos convivessem bem e aplicando uma regra nova sempre que começassem a brigar.

A chance de colocar essa nova política em prática veio no final daquele dia, quando irrompeu uma guerra pelos blocos de montar depois de uma ida às compras. A senhora Starr não tinha ideia de quem havia começado a briga, mas disse aos filhos: "Agora vocês podem escolher. Como eu não sei quem tirou os brinquedos de quem, ou vocês convivem bem como fizeram hoje no carro, ou vão ficar separados no tempo para pensar."

Ambas as crianças ignoraram o apelo da senhora Starr e continuaram a brincar de cabo de guerra com os bloquinhos. Portanto, ela cumpriu a promessa: "Vocês dois escolheram o tempo para pensar."

Julie e Jason ficaram gritando durante a maior parte do tempo para pensar, mas depois que se aquietaram e receberam permissão para sair de suas cadeiras, ficaram com uma expressão diferente no rosto pelo resto do dia. Começaram a agir como companheiros em vez de inimigos, e a senhora Starr ficou contente por não ter perdido a calma ao ver os filhos perdendo a deles.

O casal Starr continuou a elogiar o bom convívio. Colocavam menos ênfase nas brigas que presenciavam e usavam o tempo para pensar persistentemente para separar as crianças e reforçar a consequência de preferir brigar.

A CRIANÇA PEGA O QUE É DOS OUTROS

Como tudo no mundo pertence ao pré-escolar até alguém lhe dizer o contrário, nunca é cedo demais para ensiná-lo a não pegar o que é dos outros, exceto com sua permissão. Os pais são a consciência dos filhos até que estes desenvolvam a sua própria. Portanto, toda vez que seu filho pegar o que não é dele, faça valer as consequências que o ajudarão a formar um senso de certo e errado.

COMO PREVENIR O PROBLEMA

Estabeleça regras

Oriente seu filho a informar você quando quer alguma coisa, ensinando-lhe a pedi-la. Decida o que pode ou não ser levado de locais públicos e da casa dos outros para então comunicar a seu filho o comportamento que você espera dele. Uma regra básica pode ser: "Sempre pergunte a mim se pode pegar alguma coisa antes de pegá-la."

COMO SOLUCIONAR O PROBLEMA

O que fazer

Explique como obter as coisas sem roubá-las

Seu filho não entende por que não pode levar as coisas sempre que desejar. Faça-o ter consciência do que é certo ou errado dizendo: "Você precisa me pedir o chiclete antes de pegar a caixinha. Se eu disser que sim, você poderá pegá-la e ficar com ela na mão até pagarmos por ele."

Explique o que significa *roubar*

Certifique-se de que seu filho entende a diferença entre empréstimo e roubo (e o resultado de cada um), para ter certeza de que ele sabe o que você quer dizer com "É proibido roubar". Roubar é levar alguma coisa sem permissão; pedir emprestado é pedir e obter permissão antes de levar alguma coisa.

Faça seu filho pagar pelo que roubar

Para ajudá-lo a perceber o custo do roubo, faça seu filho pagar o item roubado com pequenos afazeres domésticos ou cedendo um de seus adorados pertences. Diga, por exemplo: "Que pena que você pegou algo que não era seu! Por causa disso, vai ter que desistir de algo que seja mesmo seu." O pertence que ele escolher pode ser usado muitos meses depois como recompensa por bom comportamento.

Faça a criança devolver os objetos roubados

Ensine a seu filho que ele não pode ficar com algo que roubou. Aplique a regra de que ele próprio deve devolver o objeto (com a sua ajuda, se preciso).

Aplique o "tempo para pensar"

Quando seu filho tomar algo que não é dele, diga-lhe que ele precisa ficar isolado das outras pessoas e das atividades porque desrespeitou as regras. Diga: "Que pena que você pegou algo que não é seu! Tempo para pensar."

O que não fazer

Não remoa o passado

Não fique relembrando incidentes de roubo a seu filho. Remoer o passado só vai servir para relembrá-lo do comportamento errado e não vai ensiná-lo a evitar o erro futuramente.

Não rotule seu filho

Não chame seu filho de "ladrão", pois ele vai se comportar segundo esse rótulo.

Não pergunte a seu filho se ele roubou determinado objeto

Perguntas assim só incentivam a mentira. Ele vai pensar: "Sei que vou ser castigado. Por que não mentir para evitar a dor?"

Não titubeie em revistar seu filho

Se você suspeitar que seu filho roubou alguma coisa, certifique-se fazendo uma revista. Se você descobrir que ele roubou, não deixe de aplicar as consequências. Diga, por exemplo: "Que pena que você pegou algo que não era seu! Agora vai ter que pagar por isso."

O mãozinha-leve

Sandy e Doug Berkley nunca desrespeitaram a lei nem estiveram presos, nem queriam que seu filho de 4 anos, Scott, fosse para o xadrez. Mas, se ele continuasse a roubar chicletes, balas, brinquedos e outros objetos que chamavam a sua atenção enquanto fazia compras com os pais, os pais se perguntavam se ele teria algum futuro fora das grades.

"Você não sabe que é errado roubar?", gritava a senhora Berkley ao menino quando o flagrava com a boca na botija. Ela também tentou dar tapas na mão dele e dizer que ele era um menino feio, mas isso também de nada adiantou. Ela começou a ter medo de levar o filho quando saía para cuidar de seus compromissos, porque detestava tanto a vergonha que sentia do comportamento dele quanto o que sentia ao ter de puni-lo.

Scott não tinha a menor noção do motivo pelo qual roubar era proibido. Ele não entendia por que não era certo pegar coisas que não lhe pertenciam. Portanto,o casal Berkley resolveu explicar a situação em termos compreensíveis para ele.

"Scott, você não pode pegar coisas sem pagar por elas", começou o senhor Berkley. "Você tem que me pedir a caixinha de chicletes. Se eu disser sim, aí você pode pegar a caixinha e ficar com ela na mão até pagarmos por ela. Vamos treinar." Scott obedeceu-lhe contente porque então, quando pedia chiclete segundo as regras, seus pais elogiavam-no por ter tê-las seguido e pagavam o chiclete.

Mas nem sempre o casal Berkley dizia sim ao que Scott queria. Assim, quando ele tentou pegar um chocolate sem ter pedido à mãe para pagar primeiro, a senhora Berkley fez valer a segunda regra, obrigando-o a pagar pela atitude. "Como você pegou esse chocolate", disse ela ao filho enquanto voltavam à loja, "vai ficar sem o chocolate de brinquedo do seu mercadinho, em casa."

Apesar dos protestos de Scott, a senhora Berkley tomou mesmo o seu brinquedo querido. "Para ganhar o brinquedo de volta", explicou ela, "você tem que seguir as regras: sempre pedir antes de pegar e nunca levar o que não estiver pago."

Depois de muitas semanas elogiando a obediência de Scott às regras, a senhora Berkley devolveu-lhe o chocolate de brinquedo, e seus pais começaram a se sentir mais tranquilos com relação ao futuro de seu filho traquinas.

INSOLÊNCIA

Quando seu pré-escolar deixa de falar como um anjinho e se torna um respondão (com sarcasmo, réplicas atrevidas e comentários maldosos), você dolorosamente se dá conta do quanto ele é capaz de repetir palavras (boas e ruins) e de controlar o próprio mundo com elas. Assim como outras formas de expressão, a resposta insolente só é aprendida depois que a criança é exposta a ela. Sendo assim, limite as oportunidades para seu filho ouvir palavras desagradáveis. Fique de olho nos programas a que ele assiste e no jeito como você, seus amigos e parentes se expressam.

COMO PREVENIR O PROBLEMA

Explique a seu filho como você quer que ele fale com você

Ensine seu filho a se expressar do jeito que você quer. Use "obrigado", "por favor", "desculpe" e outras "palavrinhas mágicas". Faça-o treinar o uso das palavras que você costuma utilizar. Lembre-se de que a criança pré-escolar é a maior imitadora que existe.

Defina o que é uma resposta insolente

Para agir com justiça com seu filho, de acordo com a linguagem que ele está usando, você precisa descriminar se seu filho está sendo respondão ou se o que está fazendo é outra coisa. Por exemplo, ser sarcástico, xingar, responder gritando e recusar-se a obedecer em tom de afronta é ser insolente. Recusas simples como "Mas eu não *quero*" são resmungos. Perguntas como "Eu tenho que fazer isso?" expressam sua opinião pessoal. Veja bem se seu filho entende o que você quer dizer com *ser respondão*.

Fique de olho nos amigos, na mídia e no que você mesmo fala

Limite as respostas insolentes de seu filho prestando atenção nas palavras que saem da sua própria boca. Supervisione também os amigos, colegas, parentes e personagens televisivos. O que entra pelos ouvidos dos pré-escolares depois lhes sai pela boca.

COMO SOLUCIONAR O PROBLEMA

O que fazer

Faça a palavra perder a graça

Usar demais uma palavra diminui o seu efeito. Portanto, ajude seu filho a enjoar de uma palavra ofensiva fazendo-o repeti-la (um minuto por ano de idade). Diga: "Que pena que você disse essa palavra! Vou acertar o cronômetro. Você tem que repetir a palavra até o alarme tocar. Quando ele tocar, você pode parar de dizer a palavra." Depois que a palavra tiver perdido a graça, é improvável que seu filho a utilize em um momento mais acalorado.

Ignore a resposta insolente

Tente dar a menor atenção possível a respostas insolentes inofensivas. Fingir que o episódio não ocorreu faz o respondão ficar sem poder sobre você. A brincadeira perde a graça sem a recompensa tão aguardada, que é a sua reação.

Elogie quando seu filho falar com educação

Informe a seu filho que tipo de linguagem você prefere, enfatizando o momento em que ele falar educadamente. Diga: "Eu adoro quando você responde direito às minhas perguntas, como nós ensaiamos. Assim fico contente."

O que não fazer

Não entre em uma disputa de poder

Como você sabe que responder com insolência é uma forma de seu filho tentar obter poder sobre você, não reaja com insolência. Ele pode acabar achando divertido testar maneiras de deixar você bravo ou de chamar a sua atenção com respostas insolentes, o que você não quer incentivar.

Não ensine a responder com insolência

Gritar respostas ácidas a seu filho só mostra a ele como retorquir de forma idêntica. Mesmo que seja difícil não reagir a gritos com gritos, ensine seu filho a ter respeito tendo respeito por ele. Seja educado com seu filho, como se ele fosse um convidado em sua casa.

Não castigue a resposta insolente

A insolência é, no máximo, um aborrecimento. Não há nenhuma prova de que as crianças se tornam respeitosas por serem castigadas pelo seu desrespeito. O medo é a única coisa que se aprende com o castigo – e não o respeito.

A insolência de Carlos

Sempre que a senhora Martinez pedia ao filho de 4 anos, Carlos, que fizesse coisas como organizar os brinquedos ou guardar o creme de amendoim, ele gritava: "Não! Não gosto de você! Não vou fazer nada!" Carlos ficou tão tarimbado em responder mal e usar palavras ferinas que, toda vez que ouvia qualquer pergunta, gritava a resposta enraivecido, como se tivesse esquecido como é responder com educação.

"Filho meu não fala assim!", bradava o senhor Martinez em resposta ao filho. Infelizmente, as respostas duras do senhor Martinez provocavam um rebuliço ainda maior na família. Quando a família Martinez percebeu que eram o sarcasmo e a gritaria deles que estavam ensinando o filho a se comportar daquele jeito, começaram a se esforçar para reagir com calma às respostas de Carlos e para elogiar suas respostas gentis.

Certo dia, os pais pediram a Carlos que colocasse os brinquedos de volta no baú. Quando ele disse tranquilamente "Tá", responderam-lhe: "Gostamos de ver você respondendo com gentileza."

Não foi difícil para a família Martinez controlar sua raiva. Enquanto os berros e atrevimentos de Carlos tornavam-se menos frequentes, eles geralmente fingiam não ter ouvido nada. Mas, quando ele começou a repetir muito a palavra "idiota", esforçando-se para chamar a atenção, o casal Martinez resolveu fazer Carlos enjoar da palavra.

"Diga a palavra idiota por quatro minutos", explicaram a Carlos. Seu filho repetiu a palavra por dois minutos, e então não conseguiu mais dizê-la. Para alívio dos pais, foi a última vez em que usou aquela palavra.

ACESSOS DE RAIVA

Milhões de pré-escolares adoráveis e normais têm chiliques para mostrar ao mundo que são eles que mandam. Esses chiliques podem diminuir de frequência e até ser evitados desde que você não dê plateia ao "artista" nem obedeça às suas vontades. Mesmo que você sinta vontade de ceder ou de sumir por um buraco no chão quando seu filho pequeno tiver um chilique em público, tenha paciência: espere até que ele termine e se acalme, e aí elogie o modo como ele recobrou o controle.

Observação: O choro habitual e periódico não é acesso de raiva e exige outra abordagem. Peça a ajuda de um profissional se seu filho tiver mais de dois ou três acessos por dia.

COMO PREVENIR O PROBLEMA

Ensine a seu filho como lidar com a frustração e a raiva

Mostre a seu filho que os adultos sabem lidar com as adversidades sem soltar nenhum berro. Quando você queimar o ensopado, por exemplo, em vez de arremessar a panela carbonizada no lixo, diga: "Estou muito chateado agora, filho, mas vou superar. Vou tentar resolver este problema descobrindo o que mais há para fazer para o jantar." Não importa a situação, ensine seu filho a considerar as opções para resolver seus problemas, em vez de apelar para a violência.

Elogie a temperança

Flagre os bons momentos de seu filho. Elogie, por exemplo, quando ele pedir ajuda para completar um quebra-cabeças difícil que em geral o deixaria frustrado. Diga: "Gostei de ver você me pedindo ajuda em vez de ficar bravo com o quebra-cabeças." Ajudar seu filho a tratar a frustração e a raiva com calma o faz sentir-se bem consigo mesmo. Você vai vê-lo repetir as técnicas de resolução de problemas assim que ele perceber que vai ouvir elogios por usá-las. Diga para ele que você entende como ele está frustrado: "Sei como você se sente quando as coisas vão mal, e estou muito orgulhoso por você saber resolver esse problema com calma."

Não deixe que a hora de brincar seja sempre sinônimo de brincar sozinho

Dê atenção a seu filho quando ele estiver brincando corretamente com os brinquedos para que ele não sinta necessidade de recorrer a brincadeiras inconvenientes para chamar a sua atenção.

Não espere até ser convocado

Se você perceber que está surgindo um problema na brincadeira ou na refeição de seu filho, não deixe que ele aumente. Quando perceber que a situação está ficando difícil ou frustrante para ele, diga: "Aposto que essa peça vai aqui" ou "Por que não fazemos assim?". Mostre a ele como fazer um brinquedo funcionar ou comer um alimento, e depois deixe-o terminar sozinho para ele se sentir bem com a própria capacidade de deixar que o ajudem.

COMO SOLUCIONAR O PROBLEMA

O que fazer

Ignore o chilique de seu filho

Não faça nada por seu filho, com ele ou contra ele durante o *show* dele. Ensine-lhe que um acesso de raiva não é o jeito de chamar a sua atenção ou de fazer que atendam às suas vontades. Mas como ignorar um tornado varrendo a sala de estar? Saia de perto dele durante o acesso, dê-lhe as costas, ponha-o no quarto ou se isole. Se ele estiver sendo destrutivo ou perigoso para si ou para os outros em público, confine-o em um lugar onde fique em segurança. Nem sequer olhe para ele durante esse isolamento. Mesmo que seja difícil ignorá-lo, tente ocupar-se em outro cômodo da casa ou, em público, com outra atividade.

Seja firme

Apesar do poder dos gritos e das pancadas de seu filho, mantenha o seu autocontrole atendo-se à norma. Diga para si mesmo em pensamento que é importante que seu filho aprenda que não pode ter tudo quando e como quer. Ele está aprendendo a ser realista, e você está aprendendo a ser persistente e a dar-lhe limites para que ele saiba o que é aceitável e o que é intolerável.

Permaneça o mais calmo possível

Diga para si mesmo: "Isto não é o fim do mundo. Se eu conseguir me controlar, vou poder ensinar meu filho a se controlar melhor. Ele só está tentando me irritar para conseguir o que quer." Sua calma enquanto ignora o chilique dele é o melhor exemplo para ele quando estiver irritado.

Elogie seu filho

Depois que o incêndio do acesso de raiva estiver reduzido a brasas, elogie imediatamente seu filho por ter recobrado o autocontrole e envolva-se com ele em uma brincadeira ou atividade favorita que não seja frustrante para nenhum dos dois. Diga: "Que bom que agora você está melhor! Eu amo você, mas não gosto de gritaria." Como essa será sua única menção ao chilique, ele entenderá que era o chilique que você estava ignorando, e não ele.

Explique por que as regras mudaram

Se você e seu filho estiverem em uma loja e ele lhe pedir que compre um brinquedo que antes lhe foi negado, você pode mudar de ideia – mas mude sua mensagem também. Diga: "Você se lembra de quando estivemos aqui e você teve um chilique? Como hoje você se comportou bem e ficou perto de mim, resolvi lhe dar o brinquedo." Isso o ajudará a entender que você não mudou de ideia por causa do chilique, que resolveu comprar o brinquedo por outro motivo. Se quiser, conte para ele por que mudou de ideia, especialmente se foi devido ao bom comportamento dele.

O que não fazer

Não racionalize nem explique durante o acesso

Tentar convencer seu filho racionalmente a desistir do acesso de raiva *durante* o acesso é infrutífero. Ele não quer saber. Está em meio a um *show* no qual é o astro. Qualquer conversa com ele nesse momento só serve para jogar lenha na fogueira, pois assim ele vai ter uma plateia.

Não tenha seu próprio acesso de raiva

Diga a si mesmo: "Por que tenho que agir feito um maluco? Eu sei que tive razão ao dizer *não*." Se você perder a calma, isso apenas incentivará seu filho a continuar a peleja e lhe dará a impressão de que ele não precisa aprender a controlar seu temperamento.

Não rebaixe seu filho

Só porque seu filho está tendo um acesso de raiva, isso não quer dizer que ele é uma má pessoa. Não diga: "Menino feio! Não tem vergonha, não?" Seu filho perderá o respeito próprio e sentirá que, de todo modo, não merecia o que desejava.

Não remoa o passado

Não relembre o chilique a seu filho no final do dia. Isso só concede mais atenção ao comportamento dele e aumenta as chances de ter outro ataque só para ser seu assunto principal.

Não faça seu filho pagar pelo chilique

Não deixe de fazer alguma atividade agradável com seu filho depois que passar o acesso, pois isso fará que ele tenha mais acessos só para chamar a sua atenção. Não dê a seu filho a impressão de que não é amado ou querido só porque seu comportamento foi ruim.

Hora do chilique

Donald e Mary MacLean estavam preocupados com sua filha de 2 anos, Amy, que tinha severos ataques de "chiliquite aguda" toda vez que lhe negavam um biscoito antes do jantar. Quando seus pais diziam "não", ela berrava "sim!", dava um puxão na perna da calça do pai e quicava pela cozinha até que ela e seus desesperados pais estavam tão cansados que estes acabavam cedendo.

Frustrados, os pais de Amy ficavam pensando onde teriam errado. Será que era tão errado assim recusar as exigências de Amy? Até que lhes ocorreu que os acessos da filha eram mais frequentes quando eles lhe diziam não. Perceberam também que, ao ceder ao desejo irrefreável de Amy por biscoitos antes do jantar, só incentivavam seus maus modos.

No chilique seguinte de Amy, eles já tinham pronta a nova estratégia. Em vez de dizer "não", Mary disse, como quem não quer nada: "Amy, sei que você quer biscoito, mas só vai ganhar um quando ficar quieta e terminar o jantar."

Como Amy não parou com o chilique, seus pais simplesmente foram embora, deixando-a sem público para sua grande cena. Embora tenha sido difícil ficar longe da filha que gritava, o casal MacLean esperou que ela ficasse quieta antes de voltar à cozinha. Como não recebera atenção física nem verbal, Amy acabara por parar com o berreiro e esperava para ver se os pais iam cumprir suas promessas.

Seu pai apareceu com um sorriso e disse-lhe: "Amy, sei que você quer o biscoito agora, mas, quando tiver jantado e estiver na hora da sobremesa, vai poder comer um. Que bom que você não está mais chorando nem gritando! É bom ver que você sabe se controlar!" Amy sentou-se para jantar tranquilamente e, conforme o prometido, recebeu o biscoito depois da refeição.

Mais tarde, os pais ficaram satisfeitos consigo próprios pelo autocontrole que exibiram ao lidar com o chilique de Amy. Apesar de novas tentações para perder a calma, continuaram a sair de perto da filha sempre que ela tinha seus ataques de raiva e elogiavam-na sempre que ela reagia com calma a uma recusa. A frequência dos chiliques de Amy diminuiu a tal ponto que ela até chorava ocasionalmente por estar desapontada, mas nunca mais protagonizou as cenas explosivas do passado.

INCIDENTES NA HORA DE USAR O BANHEIRO

O treinamento para usar o banheiro é o primeiro grande cabo de guerra entre pais e filhos pré-escolares. A guerra irrompe quando os pais pedem aos seus rebentos tão metidos a independentes que desistam de algo que é natural para eles em favor de algo novo e muitas vezes indesejado. Para a maioria das crianças, a parte boa de deixar as fraldas é agradar aos pais. Então, ensine a usar o banheiro da forma que provoque menos incidentes dando mais ênfase ao que seu filho *deve* fazer (ficar com a calça seca, fazer as necessidades no troninho) do que ao que ele não deve fazer (fazer xixi ou cocô na calça). Ajude-o a ter orgulho de si, ao mesmo tempo que você reduz a possibilidade de incidentes só para obter sua atenção e reação.

Observação: Se os incidentes na hora de ir ao banheiro continuarem frequentes depois dos 4 anos de idade, consulte um médico. Este capítulo não trata da enurese noturna porque muitas crianças pré-escolares simplesmente não chegaram ao estágio de desenvolvimento que lhes permite segurar a urina a noite toda. Muitas autoridades médicas concordam que depois dos 6 anos a enurese noturna pode ser considerada um problema que exige atenção profissional.

COMO PREVENIR O PROBLEMA

Fique de olho nos sinais de que seu filho está apto (geralmente, por volta dos 2 anos de idade)

Os sinais mais evidentes de que a criança está apta a aprender a usar o banheiro são: a percepção da criança de que está urinando ou defecando (ou de que está prestes a fazê-lo); padrões de excreção mais regulares e previsíveis; a capacidade de baixar as próprias calças e de subir na privada (e de descer); a capacidade de entender a terminologia sanitária e seguir instruções simples; interesse por aprender a usar o banheiro; e uma aversão genérica por ficar com as fraldas sujas.

Não treine seu filho cedo demais

Treinar a criança desde muito cedo ensina-a a depender mais dos pais do que de sua própria capacidade de ir ao banheiro. Quando os pais tentam ensinar a criança a usar a privada antes da hora, ela demora mais para dominar o processo.

Seja um exemplo de como usar corretamente o banheiro

Familiarize seu filho com a privada e como utilizá-la mostrando para ele como você usa o banheiro (e como ele o usará quando estiver apto).

Facilite para seu filho usar o troninho quando sentir vontade

Deixe o troninho na cozinha, por exemplo, durante o treinamento. No início, leve-o com você para ajudar seu filho a sentir-se tranquilo quanto a usar o banheiro fora de casa.

Escolha um procedimento de treino sanitário e aferre-se a ele

Há muito material (livros, vídeos) disponível para ajudar você a ensinar seu filho a usar o banheiro. Encontre um que lhe pareça adequado e siga persistentemente os métodos recomendados. Persistência e paciência são as chaves do sucesso!

COMO SOLUCIONAR O PROBLEMA

O que fazer

Recompense seu filho não só quando ele for ao banheiro, mas também quando ele permanecer seco

Ensine seu filho a continuar com as calças secas dizendo-lhe como isso é bom. Isso aumenta a percepção dele do que você quer que ele faça (continuar seco). De quinze em quinze minutos, diga-lhe: "Veja se está com as calças secas." Assim ele terá a responsabilidade de verificar se está seco, o que lhe dá uma sensação de controle sobre a excreção. Se ele estiver seco, diga que você gostou disso. Fale: "Que bom que você continua seco!".

Relembre a regra a seu filho quando ele fizer as necessidades no lugar errado

Muitas crianças pré-escolares fazem ocasionalmente suas necessidades em lugares inadequados (ao ar livre, por exemplo). Quando seu filho tiver essa experiência, lembre a ele que a regra é: "Você só pode fazer xixi e cocô no troninho. Vamos treinar." Então pratique com ele os procedimentos sanitários corretos.

Reaja aos acidentes com calma

Se seu filho aparecer com as calças molhadas, diga: "É uma pena você ter feito xixi na calça. Agora vamos praticar como fazer no troninho." Então faça-o treinar como ir ao banheiro dez vezes, a partir de vários pontos da casa. (Baixar as calças, sentar na privada, subir as calças. Depois repita essas etapas em outra parte da casa.) Ao praticar, não é necessário que seu filho urine ou defeque, só que faça todos os movimentos corretos para se usar a privada.

Use a "regra da vovó" em público

Se seu filho só quiser fazer as necessidades no troninho *dele* quando vocês estiverem em um lugar público, experimente usar a "regra da vovó". Diga: "A gente tem que continuar com as calças secas. Toda privada é igual. Não dá para usarmos o seu troninho porque ele não está aqui. Quando você tiver usado essa privada, poderemos ir ao zoológico." Se preferir, leve com você o troninho de seu filho.

O que não fazer

Não o castigue por um incidente

O castigo só dá atenção a seu filho por ter se aliviado nas próprias calças (ou em outro lugar errado), não o ensina a continuar seco.

Não faça a pergunta errada

Dizer "Veja se as calças estão secas" aumenta a percepção de seu filho e torna a hora de ir ao banheiro uma responsabilidade dele. É um bom substituto para "Precisa ir ao banheiro?", o que geralmente é respondido com um "não". Ajude seu filho a sentir-se responsável por verificar sua condição de limpeza e por tomar a atitude apropriada.

Os "incidentes" de Kelly

Assim que chegaram as férias do pré-escolar, Kelly Winter, de 3 anos, começou a perder mais do que seu conhecimento de números e letras. Seus incidentes sanitários ocasionais indicavam que ela estava esperando demais para ir ao banheiro. A senhora Winter via a filha "saracotear", lutando para não ir ao banheiro.

Kelly descobriu que podia aliviar a pressão de fazer suas necessidades fazendo só um pouco de xixi nas calças. Quando sua mãe a repreendia e batia por ter molhado as calças, Kelly argumentava que só tinha se molhado "um pouquinho". A senhora Winter percebeu que a filha queria atenção com aqueles acidentes. Por que mais estaria argumentando que só estava "um pouquinho" molhada?

Depois de analisar a situação, o senhor e a senhora Winter resolveram restabelecer a prática que usaram para treinar a filha para ir ao banheiro no ano anterior, e começaram a elogiar as calças secas de Kelly, em vez de se irritar com as molhadas. "Veja se suas calças estão secas, Kelly", disse a senhora Winter na manhã seguinte, depois do café. Ela ficou tão feliz quanto Kelly quando a filha respondeu "Sim!" com um grande sorriso.

"Obrigada por manter a calça seca, querida", disse a senhora Winter, dando um abraço na filha. "Vamos ver se ela fica sequinha o dia inteiro!"

Depois de alguns dias de pedidos periódicos à filha que verificasse se as calças estavam secas (Kelly sempre se descobrindo seca), a senhora Winter achou que o problema era coisa do passado – até o dia seguinte, quando ela se molhou de novo. "Vamos treinar ir ao banheiro dez vezes", disse ela à filha de cara amarrada, que parecia muito desapontada pela mãe não elogiá-la como fez quando as calças estavam secas.

Kelly logo aprendeu que era mais fácil ir ao banheiro e obter elogios por estar com as calças secas do que ter que fazer dez ensaios. A calça dela seguiu seca por vários meses.

O senhor e a senhora Winter elogiavam Kelly e refrescaram a memória dela algumas vezes no ano seguinte. Tinham em mente que a filha tinha que reaprender solidamente como ir ao banheiro direito, algo que seus pais preferiam ajudá-la a fazer a ficarem irritados e frustrados quando ela sujava as calças.

PROBLEMAS PARA VIAJAR

Para a maioria dos adultos, viajar de férias é uma mudança de ritmo, cenário e rotina, quando os cuidados domésticos são substituídos por uma vida mansa e livre. Para muitas crianças pré-escolares, no entanto, viajar é tudo menos férias. Os pequenos adoram a sensação de segurança oferecida por brinquedos, leitos e alimentos familiares, portanto procure evitar precisar de outras férias sem seus filhos, garantindo que seu filho pré-escolar saiba que os objetos preferidos dele (brinquedos, cobertores, roupas) vão estar por perto e que ele vai participar da diversão. O conforto de casa às vezes não existe quando se viaja, por isso ensine seu filho a lidar com as mudanças e a apreciar novas experiências – duas coisas que são mais fáceis se você tem um pupilo alegre e interessado, que se sente seguro no seu ambiente.

Observação: Lembre que a criança que não está usando o cinto corretamente é uma distração perigosa para o motorista. Se o carro parar de repente, ela vai continuar a avançar na velocidade em que o carro estava andando antes. Vai se chocar contra o que quer que esteja em seu caminho – o painel, o para-brisa ou as costas do assento da frente – com impacto equivalente à queda no concreto da altura de um andar para cada 16 km/h de velocidade do carro. Mesmo que o painel e as costas do assento da frente sejam acolchoados, o impacto de uma queda de três a sete andares (a colisão que resultaria de um acidente com um veículo andando entre 50 e 110 km/h) ainda pode ser fatal. Além disso, as crianças nunca podem andar no banco da frente, mesmo que estejam em cadeirinhas ou com o cinto de segurança. Sempre as proteja colocando-lhes o cinto no banco traseiro sobre cadeirinhas ou assentos elevados com selo do Inmetro. (Consulte as páginas 151 a 154 para mais informações sobre segurança no automóvel.)

COMO PREVENIR O PROBLEMA

Verifique a cadeirinha ou o assento auxiliar para o carro antes de viajar

As medidas de segurança que você tomar antes de viajar vão determinar a sua tranquilidade em relação aos seus filhos quando finalmente partir. Não espere até o último minuto para descobrir que precisa adiar a viagem porque falta um item essencial: a cadeirinha do carro.

Pratique a regra

Antes de você e seu filho partirem em uma viagem longa de carro, faça algumas simulações para facilitar a transição do treinamento básico para a situação real. Elogie quando ele ficar sentado direito na cadeirinha ou usar o cinto de segurança durante a prática para mostrar-lhe que ficar na cadeirinha resulta em recompensas.

Crie regras para o carro

Institua a regra de que o carro só anda quando todo o mundo está usando o cinto de segurança. Diga: "Que pena que você está sem o cinto! O carro não pode andar até você estar com o cinto." Prepare-se para esperar até que os passageiros obedeçam à sua regra antes de partir.

Forneça material apropriado para brincar na viagem

Leve brinquedos que não danifiquem roupas nem o estofamento do veículo. Gizes de cera são uma boa ideia, mas canetas hidrográficas não, pois podem deixar manchas permanentes nas roupas e no estofamento. Se for usar o sistema de transporte público, providencie atividades calmas, praticáveis em espaços controlados e capazes de prender a atenção de seu filho por bastante tempo.

Familiarize seu filho com seu plano de viagem

Converse sobre seu plano de viagem com seu filho para que ele saiba por quanto tempo vão ficar fora, o que vai acontecer com o quarto dele durante a sua ausência e quando vocês vão voltar. Mostre-lhe mapas e fotos do local a visitar. Converse com ele sobre as pessoas, o ambiente e os acontecimentos que vocês vão presenciar. Conte histórias pessoais e mostre lembranças de visitas anteriores ao local. Se seu filho está nervoso por ter de ir a um lugar desconhecido, compare o local de destino a outro com o qual ele esteja acostumado.

Envolva pessoalmente seu pequeno viajante nos preparativos

Deixe seu filho participar dos preparativos e da execução da viagem. Use a ajuda dele para fazer as malas, escolher roupas e brinquedos, carregar uma sacola, ficar por perto no terminal, e assim por diante.

Estabeleça regras de conduta para as viagens

Antes de sair, explique a seu filho todas as regras exclusivas para o trajeto. Você pode, por exemplo, estipular uma regra a respeito de barulho, outra a respeito de explorar o ambiente, outra para a piscina e outra para as paradas para comer no caminho.

COMO SOLUCIONAR O PROBLEMA

O que fazer

Elogie o bom comportamento

Elogie com frequência o bom comportamento de seu filho e recompense-o por continuar na cadeirinha. Diga, por exemplo: “Que bom que você está se distraindo com as casas e as árvores! O dia está mesmo bonito! Logo vamos poder sair para brincar no parque, já que você ficou na cadeirinha o tempo todo.”

Pare o carro se seu filho sair da cadeirinha ou tirar o cinto de segurança

Certifique-se de que seu filho entende que a regra da cadeirinha no veículo será estritamente aplicada e que as consequências serão idênticas toda vez que a regra for violada.

Brinque no carro

Conte objetos, reconheça as cores, procure bichos e invente outras atividades para manter seu filho entretido. Liste algumas coisas divertidas a fazer antes de sair de casa. Mude de brincadeira para manter o interesse de seu filho (e o seu).

Pare frequentemente para descansar

Seu inquieto pré-escolar geralmente fica mais contente quando pode se mexer. Restringir seus movimentos por horas a fio no carro, avião ou trem não casa com o espírito aventureiro dele. Conceda-lhe algum tempo para dissipar a energia acumulada em um parque ou parada à beira da estrada, ou ele poderá se rebelar na hora mais inoportuna.

Controle os lanchinhos nas viagens de longa duração

Alimentos muito açucarados ou carbonatados não só podem aumentar o nível de atividade da criança como também a possibilidade de enjoos. Prefira os lanches proteicos ou ligeiramente salgados para que ele continue saudável e contente.

Use a "regra da vovó"

Comunique a seu filho que o bom comportamento na viagem resulta em gratificação. Por exemplo, se ele estiver choramingando porque quer beber alguma coisa, diga-lhe: "Quando você tiver ficado no seu lugar e conversado conosco sem choramingar, aí vamos parar para beber alguma coisa."

O que não fazer

Não deixe crianças pequenas sentarem na frente

Não importa quanto façam de estardalhaço ou implorem para sentar ao lado de mamãe e papai na frente, nunca deixe as crianças pequenas se sentarem nesse lugar, nem mesmo para um passeio curtíssimo. O lugar mais seguro para uma criança pré-escolar é atrelada com segurança a uma cadeirinha ou assento elevado no banco de trás, não importa qual seja o tipo de *air bag* do veículo.

Não faça promessas que talvez não possa cumprir

Não seja específico demais quanto ao que seu filho vai ver durante a viagem, porque ele pode cobrar de você mais tarde. Por exemplo, se você disser que no Parque Yellowstone ele vai ver ursos e não conseguir ver nenhum, poderá ouvi-lo resmungar "Mas você *prometeu* que ia ter urso" quando estiverem indo embora.

Guerra no carro

Jerry e Andrea Sterling queriam levar as crianças em férias iguais às que haviam tido quando eram crianças. Mas viajar com Tracy, de 3 anos, e Travis, de 5, era mais castigo do que diversão.

O banco de trás do carro virou uma zona de guerra, e muitas vezes o berreiro das crianças levou a ameaças e palmadas. Mas os castigos não pareciam ajudar em nada. A família Sterling, que muitas vezes sentia-se tão irritada depois dos castigos quanto antes deles, quase tinha perdido as esperanças de encontrar uma solução para os seus problemas durante as viagens.

Por fim, decidiram elaborar regras novas para as viagens. Descobriram alguns brinquedos com os quais as crianças poderiam entreter-se sem supervisão; explicaram-lhes a nova regra para as viagens de carro e testaram as novas normas em passeios corriqueiros ao supermercado, ao parque e a casas de amigos. "Filhos", disseram, "vamos dar uma passada no supermercado. Quando vocês tiverem ficado sentados no lugar e conversado com a gente direitinho até chegarmos lá, vão poder escolher seus sucos preferidos."

A família Sterling elogiou os filhos enquanto, no começo, eles seguiram as regras. "Obrigado por ficarem quietinhos. Estou gostando de ver vocês sem choramingar nem se machucar." Mas o plano acabou dando errado e as crianças não ganharam os sucos. Porém, só foram precisos mais dois testes para elas come-

çarem a conviver bem uma com a outra e obedecer às regras do carro enquanto estivessem nele. Receberam muitos elogios pelo esforço e recompensas pelo bom comportamento.

Duas semanas depois, a família Sterling começou sua jornada de duas horas à casa da vovó, a viagem de carro mais comprida desde que começaram a praticar as regras com as crianças. Elas sabiam o que se esperava delas e quais recompensas poderiam receber no caminho e quando chegassem ao destino. Isso tornou a travessia do rio e da floresta muito mais divertida para todos.

A CRIANÇA SE AFASTA DOS PAIS EM LOCAIS PÚBLICOS

Curiosas, as crianças elaboram listas mentais do que pretendem ver e fazer nos shoppings, supermercados e outros lugares, da mesma maneira que os pais. O pré-escolar acha que suas listas têm prioridade, e o caos sobrevém quando a lista dele não coincide com a dos pais. A segurança de seu filho é mais importante que a curiosidade dele em situações de perigo (entrar na frente dos carros, pedestres ou carrinhos de supermercado, por exemplo); portanto, faça valer suas regras sobre comportamento em locais públicos, mesmo sob protesto. Faça que ficar perto de você em locais públicos se torne um hábito para seu filho até que você consiga confiar em sua capacidade de discernir o que é perigoso e o que não é – algo que ele terá aprendido com você.

Observação: Para acostumar seu filho a ficar perto de você em locais públicos, concentre-se em evitar que ele se afaste de você. Quando ele se afastar de você em locais públicos, a única coisa a fazer é encontrá-lo e impedir que saia de perto outra vez.

COMO PREVENIR O PROBLEMA

Estabeleça regras de comportamento em locais públicos

Num momento neutro (ou antes, ou muito depois do comportamento inadequado), diga a seu filho como você deseja que ele se comporte em locais públicos. Diga: "Quando estivermos em uma loja, você tem de ficar sempre ao alcance da minha mão."

Ensaie antes da hora

Ensaie antes de sair de casa, para que seu filho aprenda como seguir suas regras. Diga: "Vamos tentar ficar com um braço de distância entre nós. Vamos ver por quanto tempo você consegue ficar perto de mim." Depois que ele o fizer, diga: "Gostei de ver você sempre perto de mim. Obrigado por não sair do meu lado."

Ensine seu filho a ir até você

Num momento neutro, pegue a mão de seu filho e diga: "Venha aqui, por favor." Quando ele vier a você, dê-lhe um abraço e diga: "Obrigado por ter vindo." Ensaie cinco vezes por dia, aumentando a distância entre você e seu filho cada vez mais ao dizer "Venha aqui, por favor", até que ele saiba chegar até você de qualquer ponto do cômodo ou da loja.

Elogie quando ele ficar por perto

Premie seu filho pelo esforço de ficar perto de você elogiando-o sempre que ele o fizer. Diga: "Gostei de ver você sempre perto de mim" ou "Você está tão bom em fazer compras, ficando sempre juntinho de mim".

Faça seu filho envolver-se nas compras

Deixe seu filho segurar uma sacola ou empurrar o próprio carrinho, se ele conseguir. Isso fará com que se sinta um componente importante da ida à loja, diminuindo a tentação de perambular por ela.

Mude sua regra conforme seu filho for mudando

Conforme seu filho for amadurecendo e conseguindo se afastar um pouco para depois voltar a seu lado em locais públicos como o shopping, por exemplo, você pode mudar sua regra e permitir que ele faça isso. Diga-lhe por que ele está recebendo essa nova liberdade. Saber que ganhou mais independência pelo seu bom comportamento em locais públicos vai ajudá-lo a perceber que obedecer às regras vale a pena.

Seja firme e coerente

Não mude suas regras de comportamento em locais públicos sem antes avisar seu filho. Ao ser firme e coerente, você dará a seu filho uma sensação de segurança. Suas restrições podem às vezes ser recebidas aos gritos e berros, mas a sua rede de proteção o ajudará a sentir-se seguro em território desconhecido.

COMO SOLUCIONAR O PROBLEMA

O que fazer

Use repreensões e "tempo para pensar"

Repreenda seu filho quando ele não ficar ao seu lado em locais públicos, para lhe ensinar qual conduta você espera dele e o que vai lhe acontecer caso não obedeça às suas regras. Quando ele sair de perto, diga: "Fique do meu lado, por favor. Você tem que ficar perto de mim. É mais seguro ficar do meu lado." Se ele descumprir a regra muitas vezes, repita a repreensão e coloque-o no tempo para pensar em uma cadeira próxima com você do lado.

O que não fazer

Não deixe seu filho estabelecer sua programação

Não ameace ir embora para casa se seu filho não ficar do seu lado. Ir para casa pode ser exatamente o que ele quer, portanto ele pode desaparecer só para conseguir.

Não leve seu filho para fazer compras por mais tempo do que ele tolera

Certas crianças pequenas são capazes de cumprir as regras da proximidade por mais tempo do que outras. Conheça seu filho. Talvez uma hora seja o limite dele, então pense nisso antes de sair de casa.

Parando no lugar

O senhor e a senhora Brody já não conseguiam levar o filho de 4 anos, Matthew, ao shopping *ou mercado sem problemas.*

Ele andava desaparecendo toda vez que seus pais viravam as costas. "Fique aqui! Nunca saia correndo durante as compras!", gritara a senhora Brody para o filho da última vez em que ele sumira sob uma arara de lingerie *na loja de departamentos.*

A ordem caiu em ouvidos moucos. Ao saírem da loja e andarem pelo shopping, *Matthew correu para uma vitrine, apontou para cima e gritou: "Olha o trenzinho! Olha o trenzinho!" A vitrine estava tão longe que quase não se ouvia a voz do menino, o que deixou a senhora Brody em pânico. Ela percebeu que devia estipular algumas regras para impedir o filho de desaparecer enquanto faziam as compras de Natal. Na manhã seguinte, explicou as novas regras ao filho antes de saírem para o supermercado, porque aquele era o lugar preferido dele para sair correndo por entre as gôndolas. "Matthew, você precisa ficar sempre a um braço de distância de mim, no máximo", principiou ela. "Desde que mantenha essa distância, você pode olhar as coisas com os olhos, e não com as mãos."*

Na primeira tentativa, Matthew sumiu de vista em minutos. "Lembre-se da regra", disse a senhora Brody quando finalmente o encontrou, na terceira gôndola, e o puxou para perto. "Você tem que ficar a um braço de distância de mim. Ficar perto de mim é a sua proteção."

Matthew fingiu que não ouviu, disparando na direção de suas adoradas barras de granola. A senhora Brody, fervendo por dentro mas aparentando calma, disse a si própria que as regras eram novas. Como qualquer coisa nova, as regras precisavam de treino para que fossem obedecidas com perfeição. "Você tem que ficar do meu lado porque assim você fica em segurança", repetiu. Então ela levou Matthew até um canto sossegado perto das verduras, virou as costas para ele e ficou por perto.

Matthew protestou olhando feio para a mãe e gritando: "Não! Eu quero brincar. Não gosto de você!" Envergonhada mas sem vacilar, a senhora Brody ignorou o rompante do filho. Ela decidira que, se a repreensão não resolvia o problema, colocaria o filho no tempo para pensar para ajudá-lo a aprender a regra.

Três minutos depois (que pareceram à senhora Brody três horas), ela sorriu para Matthew e recapitulou a regra enquanto terminavam as compras. Sempre que Matthew permanecia ao seu lado, ela o elogiava. "Obrigada por ficar do meu lado, querido. Estou muito feliz por estarmos fazendo compras juntos."

Começaram a conversar sobre cereais e a planejar quais deles comprariam para comer naquela semana.

A senhora Brody não parou de relembrar a regra ao filho durante as semanas seguintes, mas poucas vezes teve de usar o tempo para pensar, já que ambos estavam se divertindo muito com a nova proximidade entre eles.

A CRIANÇA QUER TUDO NA HORA

Como a paciência não é uma virtude inata, a criança pequena precisa que lhe ensinem a arte de esperar pelo que quer. Como *você* tem mais experiência em saber o melhor para seu filho pré-escolar, está mais qualificado para controlar quando ele pode fazer o que deseja e quais condições precisa cumprir antes de fazê-lo. Explique essas condições com clareza. Diga, por exemplo: "Sei que você quer comer a massa de bolo, mas não precisa fazer isso agora. Se esperar a massa assar, vai ter mais bolo para você comer."

Mostre a ele também que ter paciência é útil na sua vida. Diga, por exemplo: "Sei que é chato ter de esperar para comprar a mesa de jantar que quero, mas sei que, se eu me esforçar para economizar, logo vou poder comprá-la." Seu filho ainda está descobrindo que o mundo não gira em torno do que ele quer. Está na hora de ele aprender a lidar com esse fato tantas vezes frustrante da vida.

COMO PREVENIR O PROBLEMA

Ofereça um menu de atividades para seu filho escolher qual deseja fazer

Estabeleça condições a serem cumpridas antes de seu filho poder fazer o que deseja, e dê-lhe sugestões de atividades a realizar enquanto espera o que quer. Diga, por exemplo: "Quando você tiver brincado cinco minutos com as pecinhas, aí vamos para a casa da vovó."

COMO SOLUCIONAR O PROBLEMA

O que fazer

Incentive a paciência

Gratifique até o menor sinal de paciência dizendo a seu filho quanto está feliz por ele ter esperado. Defina *paciência* caso você ache que ele não entende a palavra. Diga, por exemplo: "Você está sendo muito paciente esperando para receber seu suco enquanto eu limpo a pia. Isso mostra que você está crescendo." Assim você ensina seu filho que ele *possui* a habilidade de adiar o que deseja, mesmo que ainda não saiba disso. Dessa forma ele também vai se sentir bem consigo mesmo, porque você está elogiando o comportamento dele.

Fique tão calmo quanto puder

Se seu filho protestar por ter que esperar ou por não fazerem o que ele quer, lembre que ele está aprendendo uma grande lição de vida: a arte de ter paciência. Vendo você ser paciente, ele logo aprenderá que bater o pé não vai realizar os desejos dele tão rápido quanto fazer o que lhe pedem.

Use a "regra da vovó"

Se seu filho estiver gritando "Vamos! Vamos! Vamos pro parque!", simplesmente declare as condições que ele precisa cumprir para ter o seu desejo realizado. Fale positivamente. Diga, por exemplo: "Quando você tiver posto os livros de volta na prateleira, nós vamos para o parque."

Evite um "não" direto

Sempre que for possível e seguro, diga a seu filho como ele pode fazer as coisas do jeito que quer. Evite que ele sinta que os desejos dele nunca serão satisfeitos. Diga, por exemplo: "Quando você tiver lavado as mãos, vai pode comer maçã." Às vezes, claro, você deve dizer não a seu filho (quando ele quiser brincar com o cortador de grama, por exemplo). Nesses momentos, procure oferecer brinquedos alternativos para satisfazer os desejos dele e para estabelecer uma atmosfera de contemporização e flexibilidade.

O que não fazer

Não mande seu filho fazer coisas "agora"

Exigir que seu filho faça algo imediatamente contradiz a lição que você pretende ensinar. Se não quiser que ele exija resultados instantâneos, não faça isso também.

Não recompense a impaciência

Não ceda aos desejos de seu filho toda vez que ele quiser que se façam as coisas do jeito dele. Embora possa ser uma tentação fazê-lo para evitar um confronto ou chilique, ceder constantemente só serve para reforçar o comportamento impaciente e deixar de lhe ensinar a ter paciência.

Assegure-se de que seu filho sabe que não é porque ele exigiu que está ganhando o que queria

Mesmo que seu filho fique gemendo e resmungando enquanto espera, deixe claro que você está entrando no carro porque está pronto e terminou de fazer o que era preciso, e não porque ele fez um escândalo na porta. Diga: "Terminei de lavar a louça. Agora podemos sair."

"Eu quero agora!"

"Qué água agora!", queixava-se Emily Randolph, de 2 anos de idade, toda vez que sentia sede. Quando via a mãe dando mamadeira ao seu irmão menor, Justin, ela também queria uma – imediatamente.

"Não, agora estou ocupada. Você precisa esperar!", respondia a mãe, perdendo a paciência com a filha por não entender que os bebês não sabem esperar por aquilo que querem.

Emily fazia tantas exigências – colo, brinquedos e bebidas – que a senhora Randolph começou a recear os momentos em que ela entrava no quarto e via a mãe ocupada com alguma coisa, especialmente se fosse cuidar de Justin. Quando Emily começou a tomar alimentos, bebidas, brinquedos e cobertores de Justin, dizendo que eram "dela", a senhora Randolph percebeu que precisava dar um jeito naquilo. Ela decretou uma nova regra, chamada regra da vovó, e explicou-a a Emily: "Quando você fizer o que eu lhe pedir, vai poder fazer o que quer. Esta é a nova regra."

Naquela tarde, Emily insistiu em tomar suco apenas dez minutos depois do último. A senhora Randolph disse com firmeza: "Quando você calçar os sapatos, vai poder beber outro suco de maçã." Emily estava acostumada a ouvir "não" e depois dar um chilique até a mãe desistir, portanto ignorou a nova regra e continuou a implorar: "Estou com sede!"

Não só o chilique não lhe trouxe suco nenhum como fez a senhora Randolph ignorá-la completamente. Frustrada, a menina finalmente colocou os sapatos para ver se isso traria alguma atenção (e suco) para ela, já que gritar não produzira resultado. Ela ficou surpresa e contente quando deu certo.

Emily logo descobriu que sua mãe levava as promessas que fazia a sério, porque ela nunca descuidou de aplicar a regra da vovó. Quando Emily cumpria sua parte na permuta, a senhora Randolph elogiava seus feitos com elogios do tipo: "Adorei ver você tirando os pratos da mesa. Agora você pode brincar lá fora."

A admiração da senhora Randolph era sincera. Emily gostou disso e começou a obedecer mais às regras da mãe, que a senhora Randolph procurava limitar sempre que podia. Conforme os familiares aprenderam a trabalhar juntos para satisfazer as necessidades de todos, passaram a gostar de conviver um com o outro – e não apesar do outro.

MANHA

Assim como os adultos às vezes ficam de mau humor sem saber por quê, os pré-escolares às vezes começam a fazer manha e birra mesmo com suas necessidades físicas atendidas. Essa condição geralmente resulta do desejo de seu filho de receber atenção ou de que façam as coisas do jeito dele. Por mais que seja difícil, ignore a manha – isso ajuda a diminuí-la. Seu filho logo aprenderá uma regra importante: pedir com educação ressoa mais alto do que fazer birra e não se comunicar.

COMO EVITAR O PROBLEMA

Flagre os momentos agradáveis de seu filho

Quando seu filho não estiver fazendo manha, diga-lhe quanto você gosta de ficar junto dele. Sua atenção lhe ensinará como a postura positiva pode trazer recompensas.

Satisfaça as necessidades dele

Certifique-se de que seu filho se alimenta, toma banho, se troca, dorme e recebe muitos abraços frequentemente para que ele não fique mal-humorado por estar molhado, com fome, exausto ou aborrecido demais para expressar a você o que sente sem choramingar.

COMO SOLUCIONAR O PROBLEMA

O que fazer

Defina "manha"

Certifique-se de que seu filho sabe exatamente o que você quer dizer com *manha*. Depois explique que você quer ouvi-lo pedir ou dizer o que quer sem choramingar. Diga, por exemplo: "Quando você pedir direito, vou lhe dar suco. Quero que você me peça assim: 'Mamãe (ou papai), posso tomar suco, por favor?'" Caso seu filho ainda não saiba falar, mostre-lhe como indicar o que deseja por meio de atos ou gestos. Faça-o treinar como pedir as coisas direito pelo menos cinco vezes. Não deixe de fazer o que ele pediu, para provar que pedir com educação realmente produz resultado.

Reserve um "cantinho para choramingar", caso necessário

Se seu filho continua a choramingar mesmo depois de ser ensinado a expressar o que deseja com educação, informe-lhe que ele tem o direito de experimentar sentimentos e frustrações que só o choramingo pode aliviar. Diga-lhe que ele pode choramingar quanto quiser, mas que isso deve ser feito no "cantinho da manha", uma área só para isso. Comunique-lhe que você prefere não ficar por perto de um resmungão que não consegue expressar o que quer, e quando ele terminar de choramingar poderá sair. Fale: "Que pena que você está tão aborrecido! Pode ir para o cantinho da manha e volte quando estiver se sentindo melhor."

Ignore a manha de seu filho

Como ouvir o filho choramingar é de tirar qualquer um do sério, você acaba prestando mais atenção a seu filho quando ele faz manha do que quando está quieto, mesmo que essa atenção não seja afeição. Depois de colocá-lo na cadeira da manha e liberá-lo para exprimir a frustração dele, coloque fones de ouvido ou vá fazer outra coisa para ficar mais fácil ignorar o resmungo até ele ter acabado.

Elogie os momentos sem manha

Para mostrar a seu filho nitidamente a sua reação quando ele choraminga e quando não choraminga, elogie imediatamente quando ele se aquietar dizendo: "Você está sendo legal! Vamos pegar um brinquedo!" ou "Puxa, há quanto tempo não ouço sua voz sem choramingar" ou "Obrigado por não choramingar!".

O que não fazer

Não ceda à manha

Se você der atenção a seu filho manhoso, seja aborrecendo-se, seja dando-lhe o que ele está exigindo com a manha, estará ensinando-lhe que choramingar é o jeito de conseguir o que quer.

Não choramingue também

A reclamação dos adultos pode parecer manha para a criança. Se você costuma fazer isso, seu filho pré-escolar pode achar que também pode fazer. Se você estiver de mau humor, não fique bravo com seu filho porque está bravo com o mundo. Simplesmente diga a ele que está meio "pra baixo"; não resmungue por causa disso.

Não fique bravo com seu filho

Não fique bravo com seu filho só porque ele não está em um de seus melhores dias. Ele não só vai confundir seus rompantes com atenção, como vai perceber que tem poder sobre você por tê-lo deixado zangado. Pode ser que ele continue a choramingar só para mostrar quem manda.

Não castigue seu filho por fazer manha

A velha bravata "Vou te dar um motivo pra reclamar de verdade" só faz criar atrito entre você e seu filho. Ele fica com a impressão de que nunca é permitido choramingar, o que o faz sentir-se culpado por estar descontente. Permita que ele choramingue com algumas restrições, porque talvez esse seja o único canal que ele tem, naquele momento, para desabafar suas frustrações.

Lembre-se: isso não vai durar para sempre

Seu filho pode estar tendo um dia ruim ou passando por uma fase em que nada parece agradar a ele, então talvez passe mais tempo choramingando até recuperar a harmonia em seu mundo. Diga a si próprio: "Isso vai passar", enquanto procura animá-lo com elogios ao seu bom comportamento.

A cadeira da manha

*Do momento em que Aisha Gonzalez, de 3 anos, acordava de manhã até fechar os olhos à noite, ela era um torvelinho de resmungos. "*Manhê, *quero comer!* Manhê, *o que tem na TV?* Manhê, *aonde nós vamos?* Manhê, *quero colo!"*

A senhora Gonzalez tentava ignorar a lamúria da filha, mas muitas vezes cedia às vontades de Aisha para que ela ficasse quieta. Mas a manha e a choradeira começaram a dar nos nervos da senhora Gonzalez, até que um dia ela gritou: "Aisha, pare com essa manha ridícula. Você fica horrível fazendo isso!"

Gritar com Aisha só piorou a manha, portanto a senhora Gonzalez decidiu mudar de método. Resolveu experimentar uma variante do tempo para pensar, técnica que utilizava sempre que sua filha se comportava mal.

"Esta aqui é a cadeirinha da manha", disse a Aisha no dia seguinte, depois que ela começou a choramingar. "Que pena que você está choramingando! Vai ter que ficar sentada aqui até terminar de choramingar. Quando tiver terminado, vai poder levantar e vamos brincar com as bonecas." Ela fez a filha sentar-se na cadeira que reservara para aquele fim. Então saiu de perto, tomando cuidando para não dar nenhuma atenção à filha. Quando ouviu a manha parar, voltou para onde a filha estava e elogiou-a. "Ah, adorei você ter parado de choramingar. Vamos brincar."

Quando a senhora Gonzalez percebeu que a filha estava indo para a cadeirinha da manha quase dez vezes por dia, resolveu passar à etapa seguinte, ensinando Aisha a evitar ser mandada para a cadeira. "Quando você me pedir com educação, vou lhe dar o suco", explicou. Então ensinou Aisha a pedir com educação: "Por favor, mamãe, me dá um suco?"

A menina treinou esses comandos sempre que queria alguma coisa pela qual antes havia choramingado. Mesmo que a manha de Aisha nunca tenha sumido de todo (ela ainda choramingava nos dias de mau humor), a senhora Gonzalez ficou muito mais feliz no relacionamento com a filha.

APÊNDICE I: *CHECKLIST* ANTIACIDENTES DOMÉSTICOS

Há estatísticas alarmantes comprovando que acidentes são a causa número um da morte de crianças pequenas. A maioria dos acidentes resulta da curiosidade infantil normal e saudável. As chances de se machucar aumentam conforme as crianças se arrastam, engatinham, andam, escalam e exploram. A lista a seguir contém medidas que os pais devem tomar para prevenir acidentes em casa:

- Mantenha sempre armas (se você as tiver em casa) e facas bem trancadas e longe das crianças. Cada arma deve estar com sua trava e a munição deve ser trancada em outro local, fora do alcance das mãozinhas.
- Instale trincos à prova de crianças em todos os armários e gavetas que contenham objetos perigosos.
- Engatinhe pela casa para descobrir riscos atraentes a serem remediados.
- Coloque protetores nas tomadas.
- Guarde os fios de extensão que não estejam em uso.
- Esconda as tomadas em uso mantendo móveis pesados na frente delas ou instalando protetores que impeçam a criança de puxar o plugue.
- Caso mesinhas ou outros móveis não sejam firmes ou tenham quinas pontudas, tire-os do ambiente até que seu filho cresça ou instale protetores em volta das quinas.
- Móveis grandes que possam tombar ao serem escalados pela criança devem ser muito bem afixados à parede.
- Coloque substâncias domésticas perigosas, como detergentes, removedores, lâminas de barbear, fósforos e medicamentos, bem longe do alcance das crianças e em um armário trancado.

- Se houver lareira na casa, instale uma tela protetora de qualidade.
- Sempre use a cadeirinha automotiva adequada no seu carro.
- Examine frequentemente os brinquedos para verificar a presença de quinas pontudas ou pecinhas quebradas.
- Verifique se há no chão algum objeto pequeno que seu filho possa engolir e se engasgar.
- Instale portões nas escadas para impedir brincadeiras sem a sua supervisão.
- Nunca deixe seu filho desacompanhado em fraldários, banheiras, sofás, camas, cadeirinhas de bebê, na cadeirinha alta para refeições, no solo ou no carro.
- Tenha algo que induza o vômito caso seu filho engula alguma substância venenosa não corrosiva.
- Mantenha bibelôs pequenos e frágeis fora do alcance de seu filho.
- Mantenha a porta do banheiro sempre fechada. Use uma proteção à prova de crianças na maçaneta caso seu filho saiba abrir a porta.
- Instale travas de segurança nas tampas dos vasos sanitários.
- Mantenha as sacolas plásticas e pequenos objetos (alfinetes, botões, frutas oleaginosas, balas duras, dinheiro) fora de alcance todo o tempo.
- Certifique-se de que brinquedos, móveis e paredes tenham acabamento com tinta isenta de chumbo. Examine os rótulos para ter certeza de que os brinquedos são atóxicos.
- Ensine a palavra *quente* o mais cedo que puder. Mantenha seu filho longe do forno, do ferro de passar roupa, dos dutos do aquecedor, da lareira, da churrasqueira, dos cigarros e isqueiros, das xícaras de chá e café quentes.
- Sempre vire os cabos das panelas para dentro ao cozinhar e retire os botões do fogão quando ele não estiver em uso.
- Instale travas de segurança em *freezers* e portas de forno, se já não as possuírem.
- Sempre suspenda as grades de proteção quando seu bebê (mesmo que seja bem pequenininho) estiver no berço.

- Nunca deixe toalhas penduradas para fora da mesa quando seu filho pequeno estiver por perto.
- Nunca amarre brinquedos no berço ou no "chiqueirinho". Seu bebê pode se estrangular com o fio. Além disso, nunca amarre uma chupeta a um fio que possa ser amarrado ao pescoço de seu filho.

APÊNDICE II: MEU FILHO É HIPERATIVO?

Caso você suspeite que seu filho seja hiperativo, as seguintes diretrizes o ajudarão a saber o que esperar quando o comportamento dele for avaliado. Só um retrato fiel de seu filho e de como ele dialoga com o mundo pode levar a um diagnóstico adequado e a um plano de tratamento eficiente. Ao realizar uma avaliação completa, o profissional de saúde mental qualificado (psicólogo, assistente social, psiquiatra) investigará as seguintes áreas:

A. Histórico familiar, inclusive:

1. O histórico de desenvolvimento escolar e de tratamentos de seu filho
2. O histórico psiquiátrico de sua família
3. Todos os exames diagnósticos feitos em seu filho até então
4. Listas de verificação de condutas preenchidas por pais, professores e outras pessoas
5. A interação social de seu filho em casa, no bairro e na escola
6. Como seus familiares entendem o comportamento de seu filho e reagem a ele
7. O padrão do sono de seu filho
8. A dieta e as alergias de seu filho
9. Uma análise dos fatores periféricos ao comportamento de seu filho, inclusive:
    a. Como ele interage com a mãe, o pai, os irmãos, colegas, professores, instrutores etc.
    b. Como ele age em casa, na escola, em reuniões sociais, no bairro etc.
    c. Como ele reage à leitura, à escrita, aos deveres de casa, aos jogos eletrônicos, ao vestir-se etc.

d. Como ele se comporta de manhã cedo, depois da escola, durante as refeições, quando está entediado, na hora de dormir etc.

B. Uma entrevista com seu filho para determinar o seguinte:
1. Sua compreensão e suas impressões sobre os próprios problemas
2. Sua funcionalidade emocional em geral

C. Uma análise do comportamento escolar de seu filho, inclusive:
1. Listas de verificação de condutas preenchidas pelos professores
2. Como os professores entendem o comportamento de seu filho e reagem a ele
3. Observação de seu filho em sala de aula em diferentes atividades e ambientes

D. Teste formal para avaliar os seguintes quesitos:
1. Atividade cognitiva em geral
2. Domínio dos conhecimentos adquiridos na escolarização formal
3. Atenção à atividade
4. Processamento comunicacional
5. Capacidade motossensorial

REFERÊNCIAS BIBLIOGRÁFICAS

Introdução

1. Lawrence Kohlberg. Moral Stages and Moralization: the Cognitive-Developmental Approach. In: T. Lickona (org.). *Moral Development and Behavior*. Holt, Rinehart, and Winston, 1976.
2. Harriet H. Barrish, Ph.D.; I. J. Barrish, Ph.D. *Managing Parental Anger*. Overland Press, 1985.
3. Richard Rhodes. *Why They Kill: The Discoveries of a Maverick Criminologist*. Alfred A. Knopf, 1999.
4. Beth Azar. Defining the Trait That Makes Us Human. *APA Monitor*, v. 28, n. 11, nov. 1997.
5. Barbara Unell; Jerry Wyckoff. *20 Teachable Virtues*. Perigee Books, 1995.

Armas de brinquedo

1. M. M. Lefkowitz; L. D. Eron; L. D. Walder; L. R. Huesmann. *Growing Up to Be Violent*. Pergamon Press, 1977.
2. R. Potts; A. C. Houston; J. C. Wright. The Effects of Television for and Violent Content on Boys' Attention and Social Behavior. *Journal of Experimental Child Psychology*, 41 (1996): 1-17.
3. R. B. McCall; R. D. Parke; R. D. Kavanaugh. Imitation of Live and Televised Models by Children One to Three Years of Age. *Monographs of the Society for Research in Child Development*, 42, Serial n. 173, 1977.
4. D. Singer; J. Singer. Family Experiences and Television Viewing As Predictors of Children's Imagination, Restlessness, and Aggression. *Journal of Social Issues*, 42 (1986): 107-24.
5. L. A. Joy; M. M. Kimball; M. L. Zabrack. Television and Children's Aggressive Behaviour. In: T. T. Williams (org.). *The Impact of*

Television: A Natural Experiment in Three Communities. Academic Press, 1986.

6. L. R. Huesmann. Psychological Processes Promoting the Relation between Exposure to Media Violence and Aggressive Behavior by the Viewer. *Journal of Social Issues*, 42 (1986): 125-39.
7. J. E. Grusec. Effects of Co-Observer Evaluations of Imitation: A Developmental Toleration of Real-Life Aggression? *Developmental Psychology*, 10 (1973): 418-21.

ÍNDICE REMISSIVO

C

S

T

V

X